MINE LIVSVERDIER I

- beskrevet i 21 Refleksjoner og 97 Tankevekkere

George Manus

Forfatter: George Manus

Design and Layout: Ole Praud

Forlag: BoD – Books on Demand, Hellerup, Danmark
Trykk: BoD – Books on Demand, Norderstedt, Tyskland

George's online bookstore -
www.georgemanus-books.com

The Art of George Manus online store -
www.georgemanus.com

George'e Innovation & hub website -
www.maxmanusinnovation.com

George Manus e-mail - info@georgemanus.com

ISBN: 9788743058489

Andre bøker skrevet av George Manus

TANKER	Norwegian
THOUGHTS	English
REFLEKSJONER I	Norwegian
REFLECTIONS I	English
REFLEKSJONER II	Norwegian
REFLECTIONS II	English
REFLEKSJONER III	Norwegian
REFLECTIONS III	English
EN KVINNES MANGE FLYTTINGER	Norwegian
A WOMAN'S MANY MIGRATIONS	English
HISTORIER OG TANKER I	Norwegian
STORIES & THOUGHTS I	English
HISTORIER OG TANKER II	Norwegian
STORIES & THOUGHTS II	English
INNOVATIONS AND CREATIONS	English
MAX MANUS FIRMAENE -70 år i kommunikasjon	Norwegian
WORDS FOR THE ROAD - ORD MED PÅ VEIEN I	English - Norwegian
WORDS FOR THE ROAD - ORD MED PÅ VEIEN II	English - Norwegian
WORDS FOR THE ROAD - ORD MED PÅ VEIEN III	English - Norwegian
WORDS FOR THE ROAD - ORD MED PÅ VEIEN IV	English - Norwegian
WORDS FOR THE ROAD - ORD MED PÅ VEIEN V	English - Norwegian
WORDS FOR THE ROAD - ORD MED PÅ VEIEN VI	English - Norwegian
WORDS FOR THE ROAD - ORD MED PÅ VEIEN VII	English - Norwegian
WORDS FOR THE ROAD - ORD MED PÅ VEIEN VIII	English - Norwegian
WORDS FOR THE ROAD - ORD MED PÅ VEIEN IX	English - Norwegian
WORDS FOR THE ROAD - ORD MED PÅ VEIEN X	English - Norwegian
TANKEVEKKERE - 1001 korte refleksjoner	Norwegian
FOOD FOR THOUGHT - 1001 Short reflections	English
217 REFLEKSJONER - Refleksjoner over stort og smått	Norwegian
217 REFLECTIONS - Reflections on big and small	English
"Rampegutten" og Krigshelten	Norwegian
"The Mischievous Boy" and The War Hero	English

Introduksjon

George Manus

I denne første boken av to, som ikke på noen måte gir seg ut for å være en pedagogisk lærebok, har jeg valgt ut 21 Refleksjoner fra min bok "217 Refleksjoner", publisert i 2020. Alle er på en eller annen måte relatert til: "Essensielle Livsverdier og Utfordringer". Den første ble skrevet i 1990 og den siste i 2023. De ble satt på papiret for å teste mine meninger og tanker om Livsverdier og utfordringer.

De 97 Tankevekkerne er hentet fra min bok "Tankevekkere - 1001 korte refleksjoner", utgitt i 2020, og er som hovedregel satt inn etter hver Refleksjon, og relatert til disse.

Begge bøkene er ment å gi deg et innblikk i hvordan jeg ser på livsverdier og utfordringer.

Mange av mine Refleksjoner er sterkt personlige og var aldri ment å bli publisert på denne måten. Når de nå er satt sammen i disse to bøkene, er det på grunn av tilbakemeldinger jeg har fått fra folk som har lest både mine Refleksjoner og Tankevekkere.

Ærlig selvinnsikt gir deg en solid plattform å stå på i livet, og er en gave som ikke er gitt til alle; mange må jobbe mot det målet selv, slik jeg har gjort, og det er her disse to bøkene, som et eksempel, viser deg hvordan jeg har avslørt min ærlige selvbevissthet.

Les fordøy og ta en pause.
Sammenlign med dine egne tanker og velg det beste.

Din selvbevissthet vil dermed bli styrket,
og din plattform mer solid og fast.
Dette gjør det enklere for deg å møte livets utfordringer.

Bare ved å lese sakte og engasjert vil du ha nytte av å bruke denne boken som er rettesnor for selvbevissthet når du møter livets utfordringer.

Etter min mening og basert på mine forutsetninger, har jeg for lenge siden hatt den ideologien i livet, at like sikkert som at vi mennesker er forskjellige og har vår unike identitet, har vi av Skaperen fått muligheten til å velge mellom to diametralt forskjellige livsformer, den gode og den onde.

Ettersom jeg ikke er tilhenger av svart/hvitt-løsninger, blir det mer nyansert når jeg sier at du ved utvidet selvinnsikt, selv kan bestemme hvor på skalaen mellom de to ytterlighetene du ønsker å befinne deg.

Valget er ditt.

Fanatisme er utgangspunkt for vrang-syn, så i denne sammenheng vil to ekstreme livsformer, den gode eller onde, vise seg å være konfliktskapende.

Ved å lese mine personlige refleksjoner og de korte tankevekkerne, vil du raskt forstå at jeg gjerne vil fremstå som solid forankret i den gode livsstilen.

I mitt åttifemte år arbeider jeg stadig med finpussingen. Intet er perfekt i livet.

Det ville glede meg om du finner inspirasjon i denne boken, til utvidede tanker som kan gi deg bedre selvtillit og en mer solid plattform å stå på i møtet med livets daglige utfordringer.

Ha alltid boken for hånden og bruk den når du står ved veiskiller i livet.

DEDIKASJON

Måtte disse to bøkene bli til inspirasjon, veiledning og refleksjon for **mine familiære etterkommere** på deres eget livs-seilas. "Mine Livsverdier I og II" er skrevet med kjærlighet, håp og ut fra mine erfaringer over en lang periode.

Finn styrke og glede i å leve etter de Livsverdier som er viktige for deg og dine.

MELLOMVEIEN

Svaret er alltid Mellomveien å gå.
Slik var det hos Aristoteles og slik er det nå.
Ikke for grådig og ikke for raus,
ikke for aggressiv, forbli heller taus.
Ikke for ondt og ikke for godt.
Slik har jeg det hele forstått.

1995

MINE LIVSVERDIER I

- beskrevet i 21 Refleksjoner og 97 Tankevekkere

Dette er min anbefaling om hvordan du kan maksimere bokens utbytte, enten det er gjennom gruppediskusjoner, livs veiledning eller som individuell leser.

1 Les eller diskuter alle Refleksjonene og legg merke til de du tror er mest relevante for dine Livsverdier, og vurder dine egne personlige Verdier samtidig.

2 Sett til side de som ikke er relevante for deg og konsentrer deg om de som er relevante.

3 Les de tilhørende Tankevekkere som følger hver Refleksjon, og gjør deg opp en mening om dem.

4 Sammenlign mitt syn på de aktuelle Refleksjonene med ditt.

5 Gjør deg opp meninger om Refleksjonene du har lest/diskutert og gjør et notat om dem.

6 Følg denne prosedyren for hver refleksjon du føler er viktig for deg.

Fra den solide plattform du nå har skapt for deg selv, har du blitt mer bevisst og selvsikker på hvordan du skal møte livets daglige utfordringer.

VIKTIG INFORMASJON!

Legg merke til datoen under overskriften på Refleksjonen du leser, der den er gitt.

Av dette vil du forstå at mine Refleksjoner spenner over mer enn 30 år, altså at innholdet er blitt til i takt med utfordringer jeg, som alle andre, har møtt.

AVHENGIGHET

Desember 2013

Jeg tror at vi alle, i en eller er annen form gjennom alle stadier i livet, er avhengige av noen eller noe.

Helt fra vi ser dagens lys for første gang er vi avhengige. Ikke før er navlestrengen kuttet så er vi normalt prisgitt den som vi har vært avhengig av gjennom hele svangerskapet, men med den store forskjell at fra nå av kan andre steppe inn og overta ansvaret for vår videre utvikling.

Uansett, vi er fremdeles avhengige og prisgitt noen.

Hvor i verden vi er født, under hvilke omstendigheter, fattig eller rik, den som tror at penger gjør en uavhengig tar skammelig feil; vi er alltid avhengige.

Kan man ikke gjøre seg uavhengig av avhengighet? Kun ved ekstreme manøvre ville jeg tro. Men ønsker du egentlig det?

Avhengighet er helt naturlig og har en selvskreven plass i dagliglivet.

Vi skal hele tiden lære, det være seg i eller utenfor den formelle lærdom de fleste av oss får gjennom skolegang.

Videre, når vi kommer ut i den virkelige verden, er det stadig et spørsmål om å lære.

Den dag du gir opp og sier at nå er det nok, nå er det ikke lenger noen vits i å lære mer, da er du virkelig på vei mot slutten.

Vi er, uansett hvordan vi ser på det, avhengige av andre for å lære.

Det heter seg at han eller hun er selvlært. Basis for å være selvlært må da være at du bygger på en basis du har lært og i så tilfelle, hvis man ser det isolert, er det vel mer snakk om indirekte å bygge på andres erfaringer og da er du jo avhengig av det.

Den utfordrende avhengighet møter et stort antall mennesker som av et utall årsaker trenger andre rundt seg for å eksistere.

Jeg kan forestille meg, selv om dette ikke kommer fra egen erfaring, at de fleste i en slik situasjon vil gjøre det de kan for å gjøre seg uavhengig.

Dessverre vil dette i situasjonen ofte være en umulighet, man bare er og vil alltid forbli avhengig av andre.

Ovennevnte eksempler er relatert til menneskelig avhengighet.

Hva så med de mer fjerne avhengigheter, de som de fleste av oss i det daglige kanskje ikke tenker så mye på.

For oss som er så heldige å vokse opp i den såkalte moderne verden er det naturlig at både rent vann og elektrisitet er der til enhver tid. Vi tar det som en selvfølge og beklager oss over den minste ubehagelighet som ofte er en konsekvens av et strømkutt, eller at vannet uteblir i noen timer fordi et rør har sprunget lekk. Her er vi inne på den materialistiske avhengighet og den er det mange nyanser av. Vi "bortskjemte" tar alt for mange ting for gitt, vi betaler jo for det gjennom skatter og avgifter, gjør vi ikke det?

Det appelleres til oss på skjermen om å sette av noen få kroner månedlig til de millioner av mennesker som ikke vet hva rent vann er og som knapt nok har kontakt med elektrisitet i sitt daglige liv. Noen må følge oppfordringene da vi ellers ikke ville se disse kampanjene presentert på TV.

Bilder av barn som drikker vann som vi andre ikke en gang ville blande sement med, og som går timevis hver dag til infiserte vannkilder for å hente disse, for dem, dyrebare dråpene. Uansett på hvilket nivå, avhengigheten er der.

Vi har gjort oss totalt avhengig av mobil og Internett, samt et hav av andre tekniske remedier og føler at verden stopper opp hvis det en gang i mellom oppstår uregelmessigheter med disse. Ja, vi ønsker tydeligvis å være avhengige. Vi insisterer på det i vår daglige tilværelse ved stadig å hige etter å være på høyden med de nye og siste "gimmicks". Dette gjelder naturligvis ikke alle, men helt klart de fleste av oss.

En annen avhengighet, og en som kan være langt mer alvorlig for den enkelte eller de det gjelder, er den avhengigheten som kan gå ut over helse eller som ofte kan ødelegge familieliv. Det er lett nok å si at her må man være på vakt, men jeg vil tro at det er så mange faktorer som spiller inn at enhver får tenke på seg selv og sine og ellers i den grad vi finner tid og interesse, engasjere oss i organisasjoner som vi tror kan ha en positiv påvirkning når det gjelder å bekjempe avhengighet og misbruk.

Selv har jeg heldigvis aldri stiftet bekjentskap med noen form for det jeg av manglende kunnskap, under en kam, kaller "narkotiske stoffer".

Fra jeg var sytten til jeg var tjuetre røkte jeg sigaretter.

Jeg sluttet fordi jeg i oppveksten slet med stadige mandel anfall.

Til slutt kom skriften på veggen, jeg ble innkalt til operasjon for å få dem fjernet. Min medfødte redsel for alt som har med sykehus og hvite frakker å gjøre, førte omgående til handling. Rekvisisjonen ble revet i stykker og den siste sigarett stumpet.

Frykten må stadig ha ligget i underbevisstheten, for jeg har helt frem til de siste tiårene til tider hatt meget ubehagelige mandel anfall, selv om jeg siden den gang aldri har røkt.

Noe helt annet er det med alkohol. Til tross for et jevnt tilsig av rødvin gjennom alle år fra jeg først oppdaget denne Bacchus gave under mitt nær toårige skoleopphold i Italia som sytten attenåring og frem til i dag, noe som sikkert i manges øyne ville gjøre meg til alkoholiker, kan jeg ikke med min beste vilje si at negative sideeffekter på noen måte har fått meg til å sette glasset på hyllen. Har siden ungdomsdagene aldri hatt det man forbinder med "en dagen derpå", eller meg selv bevisst, andre skadevirkninger.

Volumet har holdt seg støtt og godt mer eller mindre på samme nivå gjennom de siste femti år.

Mens mine to døtre vokste opp hørte vi stadig om tragedier som resultat av at man hadde stifte bekjentskap med forskjellige "stoffer". Jeg tror jeg valgte den for meg enkleste vei ut av dette ved å gjøre det klart for dem at, uansett hvor glad jeg var i dem, alt annet ville jeg hjelpe dem med uansett hva det var, men rotet de seg bort i "narkotika" ville de måtte stå på egne ben.

Jeg har alltid ment at dette er noe den enkelte må takle på egenhånd. Har du rotet deg inn i den sirkelen er det kun deg selv som kan komme ut av den igjen.

Jeg er ydmyk og tolerant for alle syn på denne saken, men er selvfølgelig glad for at vi i familien så langt har sluppet unna i den sammenheng.

Ettersom jeg selv aldri har vært noen gambler, vet jeg heller ikke mer om denne interessen annet enn det jeg kan lese om de skjebner som kan ramme både familie og personen som ikke er i stand til måtehold i den sammenheng.

Igjen et spørsmål om personlig balanse og kontroll og fare for avhengighet. Det går sjelden direkte på helsen, men det er ingen tvil om at tragedier utspiller seg daglig og at mange familier er oppløst i forbindelse med gambling.

Å bruke men ikke misbruke, med andre ord å finne en gylden middelvei i forholdet til alle livets utfordringer må vel være det du bør strebe etter; men glem endelig ikke at du også skal leve det ene livet du har fått her på jorden.

MINE TANKEVEKKERE OM AVHENGIGHET

AVHENGIGHET I

Har du en spesiell innstilling til et annet menneske, skal du regne med at vedkommende også har en spesiell innstilling til deg.

Juni 2018

AVHENGIGHET II

Er det ikke, på en eller annen måte, en følelse av sikkerhet i det faktum at vi alle er Avhengige av hverandre?

Okt. 2019

AVHENGIG OG UAVHENGIG

Det er ikke et nederlag å være Avhengig - bare man selv gjør alt man kan for å bli Uavhengig av det som forsurer livet.

2018

BRUKE OG MISBRUKE

Forskjellen på å Bruke og Misbruke kan være svært liten og feilskjær i den sammenheng kan være skjebnesvangre.

April 2019

STOLTHET

Mai 2014

"Det er det ikke noe å være stolt av" eller det motsatte: "Det kan du være stolt av", er uttrykk man fester seg ved, spesielt når de kommer fra en autoritet på et eller annet område og gjelder en selv. Det er noe med å tenke seg godt om før man henvender seg til noen med uttrykket: "Det er det ikke noe å være stolt av". Her bør man sørge for å ha en gjennomtenkt begrunnelse på forhånd.

Lite kan såre mer enn hvis beskyldningen som ligger til grunn for at man benytter uttrykket ikke er riktig, men bare basert på antagelser eller rykter.

Får man uttrykket servert om seg selv, bør man ellers tenke seg godt om før man tar til gjenmæle.

Kanskje det kan være på sin plass og teste dette på seg selv en gang imellom. Hvordan ville jeg reagere hvis noen i en eller annen sammenheng fortalte meg at: "Det er det ikke noe å være stolt av."

Hvis noen henvender seg med uttrykket "jeg er stolt av deg" og man vet at det er vel ment, varmer det.

Er man ærlig, og det skal man selvfølgelig være, så skal man aldri benytte uttrykket "jeg er stolt av deg" til noen, hvis man ikke mener det fullt og helt. Vi vet jo alle at det varmer når noen sier det til oss og vi vet at det er ærlig ment og fortjent.

Føler man imidlertid at det ikke er helt ærlig ment, kanskje mer sarkastisk, kan det svi ganske kraftig.

Kanskje du skulle rydde litt opp i din egen bruk av denne

type komplimenter.

Hvor ofte har du selv benyttet det siste uttrykket: "Jeg er stolt av deg"? Tenk på hvordan du selv ville reagere hvis du fra noen som betyr noe for deg, får servert disse fem ordene. Det varmer, gjør det ikke det?

"Stoltheten lyser ut av øynene på den det gjelder".

Målet er nådd. Jo større innsatsen har vært, og jo mer man har ofret for å nå målet, jo mer følt stolthet.

Denne følelsen av stolthet har vi nok alle stiftet bekjentskap med.

Det pussige er at denne form for stolthet kan være like stor hva enn saken dreier seg om. Det dreier seg med andre ord ikke om hvor stor bragden er. Her er alt personlig og proporsjonalt.

Om det er første gang du får balansen på sykkelen, eller om det er en utmerkelse du som liten fikk innen idrett eller annet, en eksamen eller lignende, så vil stoltheten være personlig og proporsjonal med målets viktighet for deg selv, og innsatsen du nedla for å nå målet.

Det å være stolt på andres vegne er kanskje den mest verdifulle stoltheten.

Den kan gi dobbelt glede. Spesielt hvis du selv mener å ha vært personlig delaktig i at vedkommende det gjelder har fortjent å bli rost med uttrykket:

"Det kan du være stolt av".

Alle har vi nok et snev av personlig stolthet, og det er antagelig både riktig og viktig.

Det er når denne form for stolthet blir overutviklet at den blir vanskelig og hanskes med.

Med overutviklet personlighet mener jeg ikke at det ikke i spesielle tilfeller er godt å gi uttrykk for at du er stolt over noe du har gjort. Det er vel heller ofte måten stoltheten blir fremført på, det dreier seg om. Det er noe som heter at: "beskjedenhet er en dyd."

Går den personlige stoltheten ut på en misforstått måte å beskytte seg selv på, en form for forsvar?

Er man engstelig for å dumme seg ut, eller redd for å blottstille seg, og derfor drar til med en stolt overlegen holdning?

Er man redd for å miste ansikt, eller kan det ha noe å gjøre med at man tar seg selv svært høytidelig?

Det er lett å forstå at den personlige stoltheten ikke bør bli overutviklet.

Etter min mening er den mest sympatiske stoltheten den man viser på andres vegne - men den må være ærlig.

MINE TANKEVEKKERE OM STOLTHET

STOLTHET

Det å være Stolt på andres vegne er den mest verdifulle Stoltheten.
2014

STOLTHET OG HOVMOD

Hvis flere så nærmere på hvordan oppslagsverket beskriver Stolthet og Hovmod og fikk lagt bak seg disse belastende egenskapene, ville mange bli oppfattet som langt mer sympatiske.

STOLTHET I

Din personlige Stolthet bør ikke bli overutviklet.
2020

STOLTHET II

Lite kan såre mer enn om noen forteller deg at:
«Det er det ikke noe å være stolt av»
2023

TÅLMODIGHET

Januar 2019

«Jeg kommer straks». Det starter gjerne med at man blir forespeilet at noe skal skje til avtalt tid, men som så av grunner blir forskjøvet.

Begge parter er klare til ett eller annet og bekrefter dette seg imellom, men så blir en av partene av en eller annen grunn forstyrret og derved forsinket.

Den part som etter avtalen forventer at det som skulle skje virkelig skjer, vil normalt, fra det tidspunkt avtalen ble gjort, starte nedtellingen ved å vise tålmodighet.

Det er her hver enkelt av oss viser sine indre kvalifikasjoner eller mangel på sådanne. Hva er det som gjør at de fleste av oss har en tendens til å miste tålmodigheten på et tidspunkt, eller at den i hvert fall blir proporsjonalt svekket med utsettelsen i tid?

Er det tiden vi mister som vi ser som verdifull, eller er det bristen til forventningene? Avtalen er gjort og forventningene er derved ubevisst bygget opp, for så at det hele blir forskjøvet i tid.

Er tålmodigheten et menneskelig fenomen?

Dyr, spesielt husdyr så som hunder og katter, ser ikke ut til å ha de samme problemer med tålmodigheten som oss mennesker, i hvert fall ikke den tålmodigheten som har å gjøre med tid.

Er det fordi deres bedømmelse av tid er forskjellig fra vår, eller at deres instinkt når det gjelder forventninger er annerledes?

Hunder, som jeg har mest erfaring med, spesielt engelske settere, mangler i hvert fall ikke forventninger.

De, som ellers ser ut til å være blottet for denne egenskapen i det daglige, har det ganske klart for seg når jaktsesongen er i anmarsj. Da viser de forventninger til det fulle. Om det dreier seg om erfaring fordi de blir brukt til jakt eller om det er innebygde nedarvede instinkter vet jeg ikke, men at de besitter sterke forventninger og at de i den sammenheng ikke på noen måte kan kontrollere sin tålmodighet har jeg mange eksempler på.

Det er nok, når jeg tenker nærmere over det, langt fra korrekt at hunder ser ut til å være blottet for tålmodighet i det daglige. Bare ta en titt på halens bevegelse hos hunden når man henter hundebåndet, eller når man er på vei til å utføre en annen av hundens daglige positive rutiner.

Hundens tålmodighet går ikke over i irritasjon hvis handling uteblir, men hender det, kan man tydelig lese skuffelsen for at forventningene uteble, på kroppsspråket.

Alle typer tålmodighet har ikke noe å gjøre med tid. Ta for eksempel den tålmodigheten som er relatert til ting som man går på akkord med i det daglige.

Her kan også tålmodigheten settes på store prøver. Uvaner av forskjellig art, eller gjentatte handlingsmønster som man ikke er udelt begeistret for hos andre, løses ikke alltid ved at man lar det føre til kritikk som så blir gjenstand for sårende diskusjoner. Nei, du tar toleransen til hjelp og smører deg med tålmodighet.

Denne modellen kan ofte med hell benyttes over kortere perioder, men går man for lenge på akkord ved hjelp av for mye toleranse og tålmodighet, kan det gå på helsen løs.

En annen sak er at eventuelle forventninger til at årsaken til uvanene eller gjentatte irriterende handlingsmønster skal forsvinne av seg selv, er noe man sjelden eller aldri vil oppleve.

Hvis vi alle kunne være oss selv litt mer bevisste når det gjelder å gi andre grunn til å sette tålmodigheten på prøve, ville mye i dagliglivet bli lettere.

MINE TANKEVEKKERE OM TÅLMODIGHET

TÅLMODIGHET II
Den Tålmodige blir dessverre ofte utnyttet og får sjelden annen takk enn god-følelsen av å hjelpe andre.
Okt. 2019

TÅLMODIGHET OG FORVENTNINGER
Hvis vi alle kunne være litt mer bevisste når det gjelder å gi andre grunn til å sette sin Tålmodighet på prøve, ville mye i dagliglivet bli bedre.
Januar 2019

TÅLMODIGHET-FORVENTNINGER I
Tålmodigheten blir mindre jo større Forventninger man har.
Januar 2019

TÅLMODIGHET OG BALANSE
Er du Tålmodig uten å la det bli en sovepute, kan du oppnå bedre Balanse med deg selv.
April 2019

HOLDNINGER

2016

Uten holdninger, jeg ser bort fra de fysiske, ville mye sett annerledes ut i vår verden.

Nå er det ikke slik at alle har holdninger av den typen jeg tenker på, eller sagt litt mer bestemt, bevisste holdninger.

Det er sikkert som det skal være, men så er det også viktig at de med bevisste holdninger står for dem og det er det kanskje verre med.

"Min holdning til den saken er...". Bastant holdning, her dreier det seg om en med klare holdninger, i hvert fall etter egen oppfatning og som ønsker å gi uttrykk for dem.

Mange har sikkert holdninger som de i dagliglivet på alle måter søker å leve opp til.

De jeg tenker på har ikke behov for alltid å gi uttrykk for sine holdninger, de bare har dem, lever opp til dem og i lys av det fremstår de i andres øyne som mennesker med holdninger.

Det er ikke grenser for hvilke holdninger du representerer og observerer hos andre hvis du tenker etter.

Holdninger er etter min mening en så viktig del av livs-verdiene, at jeg i denne Refleksjonen har gjort en av unntakene fra regelen for denne boken, om at det følger fire Tankevekkere etter hver Refleksjon.

Her har jeg lagt inn 17 av dem og håper at de vil gi deg en forståelse av holdningenes mangfold.

Uansett hvilke holdninger det dreier seg om, vel å merke hvis de ikke er dårlige, så er det viktig at du tar godt vare på dem, men de bør være ekte.

Husk, holdninger er en vesentlig del av din personlighet.

MINE TANKEVEKKERE OM HOLDNINGER

SVART – HVITT HOLDNING
Du forenkler dine synspunkter til et enten eller.

HÅPLØSE OG HÅPEFULLE HOLDNINGER
Som Håpløs ser du ingen annen utvei enn å gi opp -
mens du som Håpefull satser alt for å nå målet.

UPÅVIRKELIGE OG PÅVIRKELIGE HOLDNINGER
Som Upåvirkelig styrer du rett frem uten å la deg påvirke av noe -
mens du som Påvirkelig vurderer andres ideer og tanker.

TOLERANTE OG INTOLERANTE HOLDNINGER
For husfredens skyld forblir du Tolerant -
mens du som Intolerant står på ditt for å markere deg.

KJÆRLIGE OG UKJÆRLIGE HOLDNINGER
Den Kjærlige snur det andre kinnet til med et smil -
mens den Ukjærlige avviser videre dialog.

ONDSKAPSFULLE OG GODE HOLDNINGER
Som Ondskapsfull begjærer du de andres lidelse -
mens du som God gjør alt du kan for andres velbehag.

OPPGITTE OG OVERBÆRENDE HOLDNINGER
Som Oppgitt slår du ut armene og rister på hodet -
mens du som Overbærende trekker på smilebåndet.

MEDFØLENDE OG UFØLSOMME HOLDNINGER
Som Medfølende tar du interesse i andres situasjon med sympati -
mens du som Ufølsom avviser alle tilnærmelser.

KJÆLENDE OG AVVISENDE HOLDNINGER
Som Kjælende strutter du av god-følelse og ønsker nær kontakt - mens
du som Avvisende tydelig gir uttrykk for ønske om fysisk distanse.
2016

SINT OG SUR HOLDNING
Som Sint tenner du på det minste med sterke uttrykk -
mens du som Sur henger med geipen og er lite snakkesalig.

VENNLIGE OG UVENNLIGE HOLDNINGER
Med Vennlighet glir du lett inn i de fleste miljøer -
mens du som Uvennlig blir stående utenfor.

HUMØRLØSE OG HUMØRFYLTE HOLDNINGER
Som Humørløs stille du svakt i sosial sammenheng -
mens du som Humørfylt huskes med positivt fortegn.

FØYELIGE OG TØYELIGE HOLDNINGER

Som Føyelig velger du gjerne løsninger foreslått av andre - mens du som Tøyelig, i tillegg bøyer deg for å knytte skolissen.

BASTANTE OG ETTERGIVENDE HOLDNINGER

Som Bastant står du hårdnakket på dine standpunkt - mens du som Ettergivende føyer deg etter andres.

STERKE OG SVAKE HOLDNINGER

Med Sterke holdninger fremhever du det du mener er dine Sterke sider - mens du med Svake holdninger fortrenger og undertrykker dem.

HOLDNINGER

Det viktigste er at du opprettholder dine Holdninger hvis du er fornøyd med dem.

HOLDNINGSENDRING

Så lenge den ensidige frasen: "Hva kan jeg tjene på det?" får første prioritet, skjer ingen verdifull fremdrift.
"Hva kan jeg bidra med?", i fornuftig balanse med "Hva kan jeg tjene på det?" er en bedre vei fremover.

Februar 2019

PRESTISJE

April 2013

Her dreier det seg om egen anseelse og da blir det både svært personlig og vanskelig.

Det er dessverre slik at det som blir personlig lett kan utvikle seg til å bli ubehagelig. Du tråkker inn i en beskyttet verden, en annens verden. Du tenker kanskje at du ikke har rett til å gjøre det, men er det riktig, eller har du det?

For noen har ordet prestisje i det daglige ingen mening i det hele tatt, mens for andre er det nettopp prestisje hver eneste time på dagen, året rundt, som teller. Det er den prestisjen jeg vil dvele litt ved.

Har opplevd flere sider av den og må innrømme at erfaringene ikke udelt har vært positive. Ikke fordi de har betydd noe for meg, men jeg synes å ha sett hvordan prestisjeopptatte mennesker seiler i sin helt egen verden. Om de er seg det bevisst eller ikke får være opp til den enkelte, og kanskje virker prestisjen som et beskyttende skall, noe man kan skjule seg bak for ikke å bli gjennomskuet? Kanskje det nettopp er prestisjen som får dem til å fungere i dagliglivet? I så tilfelle er det selvfølgelig godt for dem.

Det viktigste er ikke hva de selv representerer, men hva de mener det er viktig at omverdenen ser i dem. Det rare er at hvis de ikke møter mennesker med den samme oppfatning av prestisje som de selv har, så drar de til med hele våpenarsenalet, da gjelder det virkelig å etterlate seg et prestisjefylt inntrykk.

Er det for å imponere, eller igjen, er det for å skjule noe?

Det er ofte ikke grenser for hva man får høre og ofte er

det visse yndlingstemaer hos den enkelte som går igjen og som det stadig refereres til.

Har tenkt på om det ligger noe dypere i dette. Er det slik at mennesker som, selv om de har fått med seg det meste i verden, allikevel mener det er viktig å gi inntrykk av at de har fått med seg mer enn de egentlig har. Er det et innebygget savn, og kanskje i tillegg behovet for å skjule noe, som må tilfredsstilles?

Dette har foreløpig dreiet seg om den prestisjen som går på det verbale, men det er bare en av en rekke nyanser av prestisje.

Uttrykk som; "Det gir vedkommende prestisje", eller, "Det er en prestisjefylt posisjon" taler for seg selv og dømmer ingen; brukt i slike sammenhenger legges det ingen negative tanker til grunn.

Hva så med den prestisjen som går på trender og status. Trender er vel egentlig noe som normalt hører med til den yngre generasjon og de er vel sjelden kommet så langt i livet at prestisjen slik jeg ser den, har fått rotfeste i bevisstheten. De skal bare ha det eller det fordi andre har det og fordi det er trendy.

Har nok litt problemer med å se forskjellen på prestisje og status, men, en forskjell må det vel være.

Kampen om en sosial status for eksempel, går mer på det at du gjerne vil leve opp til andres situasjon, et ønsket om å være på linje med?

Statussymbol heter det når du utad gjerne tilegner deg disse i form av prestisjefylte biler, båter etc. Den form for prestisje sitter nok svært dypt hos mange, men slett ikke hos alle.

Husker godt når min, den gang samboer og ett år senere kone, fikk sin første Hyundai Coupe i 1997. Hun kjøpte den etter min anbefaling. Jeg hadde vært på en runde blant Oslos bilforhandlere sammen med min svigersønn for å titte på utvalget. Husker ikke navnet på forhandleren, men vi fikk øye på en bil jeg synes så stilig ut, på parkeringsplassen utenfor. Den viste seg å være en Hyundai Coupe som tilhørte salgssjefen og var visstnok den eneste i sitt slag man hadde importert.

Snakket med min samboer i Spania samme ettermiddag på telefonen og hun gikk, uten at jeg visste det, straks i gang med lokale undersøkelser.

Hun fikk ved en tilfeldighet vite at en bilforhandler i byen Cuevas del Almanzora, en halvtimes kjøring fra der vi bodde, hadde fått agenturet på Hyundai. Hun bestilte bilen usett og fikk den levert allerede etter fjorten dager.

Overraskelsen var stor da hun møtte meg på flyplassen med sin nyanskaffelse, da mitt norgesbesøk var over. Hun hadde ikke nevnt noe for meg om kjøpet.

Hun har senere hatt to til av typen Coupe og skiftet bare for noen måneder siden til en mindre modell, i 30. Jeg har selv hatt to Hyundai Santa Feer, den siste hadde jeg i sju år og vi kan ikke nok få gitt uttrykk for hvor fornøyde vi er og har vært.

Jeg er ikke betalt av Hyundai for disse superlativer, selv om det kanskje kan virke sånn.

Nevner ikke hvilket bilmerke jeg kjører i dag, kanskje det kunne rokke ved min innstilling til prestisje.

Hvor kommer så prestisjen inn? Jo, det tok flere år før man i Norge snakket åpent om bilmerket Hyundai. Man så heller ikke mange på veien og det var så vist ikke noe prestisje eller status i å kjøre dette merket, nærmest flaut. Prestisje og status var å kjøre Audi, Mercedes og BMW; da mente man å være på den riktige siden.

Etter hvert kom det flere Santa Feer inn i drosjetrafikken og i dag snakker man antagelig om både Kia og Hyundai som kjørbare doninger, men prestisje er det ikke å kjøre noen av dem, i hvert fall ikke i Norge.

Nei, denne likhet eller forskjell på prestisje og status finner jeg visst ikke ut av, så jeg får prøve å holde meg til den rene prestisjen.

Kan ikke la være med å nevne et eksempel som må ha sittet svært dypt. En arbeidssituasjon som en venn av meg, en arbeidsgiver, en gang fortalte om.

I en vanskelig økonomisk periode var det nødvendig å gå til oppsigelser.

Vedkommende det dreide seg om og som hadde en høy stilling, hadde i mange år utført en upåklagelig innsats i firmaet, men så opprinner altså dagen hvor hans oppsigelse måtte komme. Vedkommende, som forstod den økonomiske bakgrunnen for at det måtte skje oppsigelser, kom med tilbud om både og gå drastisk ned i lønn og gjerne skifte stilling internt, men for all del, tittelen måtte han få beholde.

Her er jeg kanskje tilbøyelig til å trekke den slutning at det må ha vært hans sosiale status som sammen med prestisje lå til grunn.

Her er vi igjen, prestisje og status.

Mer jordnært, i 2002 skjedde det største oljeutslipp i Spanias, Portugals og Frankrikes historie, så langt. Hundrevis hvis ikke tusener av kilometer med strender ble tilgriset når den enorme tankeren brakk i to og gikk ned utenfor kysten av nordvest Spania. Tankerens navn var "Prestige" og 63000 tonn olje gikk til spille.

Prestisje gir etter min mening ingen garanti for noe som helst.

MINE TANKEVEKKERE OM PRESTISJE

PRESTISJE

Prestisje gir ingen garanti for noe som helst. Tankeren "Prestige" gikk ned i 2002 og 63000 tonn olje gikk til spille.

2013

PRESTISJEFYLT OG NÆRTAGENDE

Som Prestisjefylt blottstiller du deg ofte som nærtagende.

Januar 2019

POMPØS I

Opptrer noen mennesker Pompøst for å dekke over mindre-verdighetskomplekser?

Mai 2019

POMPØS II

Stakkars de som tror at respekten stiger i takt med deres Pompøse opptreden. Jeg tror de flestes oppfatning er det motsatte.

Nov. 2019

VILJE

Mai 2014

I motsetning til fysisk styrke ser jeg menneskets vilje som en utrolig resurssterk egenskap.

Et viljesterkt menneske får ofte den betegnelsen nett- opp fordi vedkommende står for det å ha en sterk vilje.

Man må imidlertid først rydde av veien den viljen som dreier seg om trass eller stahet, den som oftest opptrer i barn og ungdomsalderen.

Ikke det at den forsvinner hos alle som et resultat av at man blir voksen, men for dem det gjelder følger det uansett problemer.

Den viljen jeg først tenker på er den positive viljen, den som driver tanker og meninger fremover mot nye høyder.

Viljen til å forstå er en av flere gode eksempler på den positive viljen. Kall det gjerne den banebrytende viljen.

Skal du nå mål du setter deg, uansett av hvilken karakter, må du ha viljen i orden.

Nå er det slett ikke slik at bare du har viljen i orden så når du alle de mål du setter deg.

Viljen er bare en av ingrediensene som må til, men kanskje den som til syvende og sist er en betingelse for å drive tanker og meninger fremover.

Tilbake til en av de positive viljene, viljen til å forstå.

For meg står det helt klart at ingen utfordringer kan løses uten at man har vilje til å løse dem, og skal man kunne løse dem må man forstå dem og de som er involvert.

Viljen er en kraft, som riktig utnyttet er utrolig sterk.

Lyser du av positiv viljestyrke har du som regel også

forståelsen i orden.

Det er slike mennesker som er med på å drive tanker og meninger fremover.

Men, og det er viktig, det må være positiv naturlig vilje, ikke den som er påtvunget.

Viljen i seg selv kan naturlig nok, hos enkelte, være destruktiv og utslettende, hvis den settes i sammenheng med negativitet – negativ vilje.

I denne sammenheng dreier det seg om viljesvake eller viljeløse mennesker. Lite positivt kan komme som et resultat av å være viljesvak eller viljeløs.

Hvordan disse uttrykkene benyttes i det daglige har jeg liten erfaring med. Antar at uttrykkene i og for seg er ganske like når de blir fremført, men at de allikevel har forskjellig tyngde.

Er du viljesvak er i hvert fall viljen til stede, enn om den ikke er særlig sterk. Er du derimot viljeløs, betyr det at du er blottet for vilje og i så tilfelle ligger du ikke særlig godt an til handling.

Når det gjelder vilje og forståelse blir det da slik at den viljesvake vil ligge dårlig an når det gjelder forståelse, mens den viljeløse vil være blottet for den egenskapen.

Nå ja, dette blir det selvfølgelig mye teori av. Hvordan de forskjellige av oss opplever viljen i dagliglivet forblir vel noe vi ikke bryr hjernen for mye med i utide. Det er nok av andre ting den skal bakse med.

MINE TANKEVEKKERE OM VILJE

VILJEN ER FUNDAMENTAL

Viljen til å forstå er Fundamental. Er Viljestyrken sviktende fordi forståelsen uteblir, blir resultatet haltende.

Mai 2014

VILJEN TIL Å VINNE

Det er lett å minne seg selv om at V i Viljen er den første bokstaven, på samme måte som at å Vinne starter med en V. Det er nettopp det det dreier seg om. Mangler du Viljen til å Vinne, er det som å gi opp. I denne sammenheng dreier det seg om å Vinne over utfordringene.

Januar 2019

VILJE OG UVILJE

Den positive Viljen og Viljen til å forstå er de viktigste Viljene - mens Uviljen alltid vil være negativ.

VILJE TIL Å FORSTÅ

Viljen til å Forstå samt ønske og tro på at du skal lykkes, er en betingelse for å nå frem.

SELVBEDØMMELSE OG SELVKRITIKK

Desember 2018

Kan det være mulig at dette emnet kom til meg helt av seg selv, eller ble det trigget av noe helt spesielt?

Egentlig spiller det ingen rolle. Typisk et eksempel på noe som har ligget og ulmet, noe som underbevisstheten i all stillhet har arbeidet med over tid.

Toleransen har naturligvis i lang tid blitt satt på prøve og alle former for kompromiss man råder over har også blitt pleiet.

Hvis jeg ikke umiddelbart skyter inn at en sak eller oppfatning minst har to sider, eller parter, og at jeg er meg dette helt bevisst, vil hvem som helt kunne si at her dreier det seg ikke om en objektiv oppfatning, men en klart ens-styrt subjektiv vurdering.

Klart at jeg når jeg føler meg presset heller ikke er den enkleste, men jeg har i det minste en vilje til å forsøke å bygge broer.

Hvordan du ser på deg selv eller bedømmer deg selv varierer nok ganske sterkt, ettersom vi alle er forskjellige.

Hovedtrekket er vel allikevel at vi generelt tillegger oss bedre egenskaper enn vi har, at vi mener vi er litt bedre enn vi egentlig er og at vi har et klarere syn på det meste enn de fleste. Her strutter det av gjødsel for selvoppholdelsesdriften.

Hva så med selvkritikken? Klart de fleste av oss mener vi er selvkritiske. Vi liker jo generelt ikke å bli kritisert, men kritiserer vi oss selv blir det jo bare mellom oss og vår egen samvittighet.

Ingen får vite hvor du egentlig står. Mye god beskyttelse i det, du blottstilles ikke så lett.

Mange befinner seg i en slik verden. De skjermer seg på den måten fra omverdenen og tror derved at alt er skjønt og grønt, og for dem det gjelder er det slik. De forblir ofte i sin egen verden, finner sin plass i hierarkiet og fungerer utmerket i helheten.

Det er områder hvor jeg mener det spesielt er på sin plass at du utøver en smule selvkritikk og det er når det gjelder din oppførsel i det daglige. Spør deg selv om du er et menneske som vanligvis tar hensyn til andre? Tenk deg grundig om, her gjelder det ikke å dekke et stort område.

Fra du starter dagen til du går til sengs møter du en uendelighet av situasjoner hvor du bevisst eller ubevisst legger igjen et inntrykk av din personlighet. Andre bedømmer deg på bakgrunn av din handlings og væremåte. Har du den holdning at det bryr du deg ikke om, kan du heller ikke forvente annet enn generell negativitet til din personlighet.

I denne sammenheng er det utrolig hvor stor betydning det ekte smilet har. Det koster så lite men gir så mye, ja, jeg velger å påstå at det skal uendelig lite til for å bli oppfattet som et hensynsfullt menneske.

Ikke at du på noen måte skal forvente at noen gir deg dette på skrift, men den garantert mest verdifulle gevinsten du kan få, er din egen god-følelse av å vite at du generelt blir oppfattet som ett hensynsfullt menneske.

La nå endelig ikke dette gå deg til hodet, du vil få mange

negative følelser av ikke å bli oppfattet som den du ønsker å være, men det er jo ikke ditt problem hvis du ellers er fornøyd med det oppriktige forsøk du har gjort på å opptre mer hensynsfullt i det daglige.

MINE TANKEVEKKERE OM SELVBEDØMMELSE OG SELVKRITIKK

SELVBEDØMMELSE

Generelt tillegger vi oss bedre egenskaper enn vi har, at vi er litt bedre enn vi egentlig er og at vi har et klarere syn på det meste enn de fleste.

Des. 2018

SELVBEDØMMELSE OG SELVKRITIKK

Den beste måten å bli et bedre menneske på, er ærlig Selvbedømmelse sjekket gjennom Selvkritikk.

Desember 2010

SELVBEVISST

Ingen av oss kan noe for at vi er som vi er, men det hadde antagelig blitt lettere i mange sammenheng hvis vi hadde vært litt mer Selvbevisste.

Sept 2019

SELVBEVISSTHET

Det å være Selvbevisst, er ikke på noen måte det samme som å være egoist.

Mai 2019

AMBISJONER OG DELMÅL

April 2013

Ikke alle har det i seg at de skal hevde seg. Det er nemlig blant annet dette ordet ambisjoner står for, "lysten til å hevde seg, ærgjerrighet". Her dreier det seg om noe som har med en selv å gjøre.

På samme måte som når det gjelder prestisjen, er ambisjoner noe personlig men nødvendigvis ikke negativt på samme måten som prestisjen, sett med mine øyne.

Vel, "lysten til å hevde seg, ærgjerrighet", ser jeg i denne sammenheng ikke nødvendigvis målt overfor andre. Jeg velger foreløpig å se den siden av "det å hevde seg" som går på at man vil oppnå noe for seg selv, at man vil hevde seg overfor seg selv og de ambisjoner man måtte ha i denne sammenheng.

Her er vi inne på noe av drivkraften igjen. Uten noen form for ambisjoner er det vanskelig å se fremdrift.

For all del, mange er og forblir mer enn lykkelige uten å være utstyrt med spesielle ambisjoner. Hvorfor ser da så mange på det å være ambisjons-løs som negativt?

Tenk hvordan verden ville se ut hvis vi alle hadde ambisjoner uten grenser?

Tror nok de fleste er enige om at ikke alle kan være akademikere. Hva med det utall av serviceyrker som skal til for at verden skal fungere? Det burde ikke på noen måte bety at man er mindreverdig eller mangler ambisjoner fordi man ikke er akademiker, heller det motsatte.

En helt annen sak er at samfunnet burde fungere så bra at alle som har personlige ambisjoner, i utgangspunktet skulle bli gitt mulighetene til og nå dem.

Når det gjelder sports-ambisjoner, så lenge det dreier seg om at det er på egne vegne, er det sikkert både nødvendig og riktig at man har dem om man ønsker å nå toppen.

Her kommer det så mye forsakelser og oppofring inn i bildet, at er man ikke motivert og med stålsatte ambisjoner, så når man simpelthen aldri målet om å bli nummer en.

Verre er det med foreldres ambisjoner på barnas vegne.

Starter med noen egne opplevelser fra min tidlige tid i forretningslivet, slutten av femtitallet.

Allerede før jeg var tjue, på slutten av femtitallet, hadde jeg ansvaret for opplæring av firmaets rundt 40 teknikere samt hele forhandlernettet.

Allerede den gang la jeg merke til at mange som allerede hadde familie og barn, kjempet en hard kamp for at barna skulle få den utdannelse de selv mente de ikke hadde kunnet få takket være krigen. Ingen selvkritikk å spore; det var som om det var en selvfølge at hvis det ikke hadde vært for krigen, så hadde de fleste både tatt artium, gått på universitetet og endt opp i betydningsfulle stillinger.

Deres barn ble uten forutsetninger nærmest truet til utdannelse mange ikke egnet seg til og endte ofte opp med store problemer. Mange familietragedier utspant seg den gang som et resultat av foreldres, sikkert velmente, men misforståtte ambisjoner på barnas vegne.

De verste eksemplene på foreldres ambisjoner på vegne av barna, når det gjaldt sport, var jeg senere vitne til.

Jeg ble minnet om dette forleden, under en samtale

med vår lokale golf pro. Vi hadde nettopp hatt et golfarrangement i regi av det Spanske Golfforbund med deltagere i den såkalte klasse "Juvenil", fra 8 til 16 år, av begge kjønn.

Han bare ristet på hode i fortvilelse over å ha sett en rekke eksempler på hvordan overambisiøse foreldre nærmest hadde truet disse barn og ungdommer under treningen, med resultat som endte i både tårer og tenners gnissel.

Mine egne eksempler går på det samme når det gjaldt både tennis og ski, den gang mine døtre vokste opp og selvfølgelig var medlemmer i de lokale klubber for disse sportsgrener.

Dette var i Oslo i Norge og skjedde på den såkalte bedre vestkant hvor vi bodde.

Det var direkte grusomme opplevelser man til tider ble vitne til. Jeg måtte til og med melde dem ut av den lokale tennisklubben takket være den overambisiøse klubbledelsen. Eksempelet er for grotesk til å nevnes, men hadde intet å gjøre med mine døtre direkte.

Foreldre som under enkle slalåmkonkurranser kastet seg ut i bakken når deres håpefulle falt, med et oratorisk fossefall av unnskyldninger om hvordan foreldrene selv hadde feilsmurt skiene eller at fallet skyldtes for dårlig slipte stålkanter, var ikke noe særsyn.

At man gjerne vil se sine etterkommere oppnå suksess er vel helt menneskelig, men med ambisjoner av denne art slår det alt for ofte den gale vei.

Jeg har inkludert en Refleksjon som heter: "Delmålet", relatert til mine sportslige ambisjoner i golf, skrevet i 1995.

Jeg kaller det delmålet fordi jeg intuitivt vet at det blir et delmål, selv om det hittil har vært selve målet.

Den lykkelige dag, 9. august 1995. Det målet som har syntes uoppnåelig, er nådd.

Nå ja, uoppnåelig har det vel egentlig ikke syntes, men at det har vært høyt opp og langt frem å nå det er det ingen tvil om.

Nettopp kommet hjem fra golfbanen, Bogstad, klokken er nærmere halv ti om kvelden og det obligatoriske bad er gjennomført.

Nå vandrer jeg stille rundt spisestuebordet med et håndkle rundt livet, i en evig ring, med min Pocket Memo.

Totalt avslappet og med en praktfull følelse i kroppen.

"Single figure handicap".

Så er altså målet endelig nådd. Tallet 9, ikke to tall, bare det ene.

Hvordan i allverden kan det ha seg at noe så vanvittig som et lite tall kan ha så stor betydning i denne sammenheng? Kun for en selv naturligvis.

Det skiller 2 enkle små slag fra mitt forrige handicap, som var 11, bare 2 slag.

Om de er på 200 meter eller 30 centimeter betyr ingen ting, faktum er at det dreier seg kun om 2 slag på 36 hull. Ideelt skal 36 hull normalt gjennomføres på 72 slag, minimalt varierende i henhold til de forskjellige banenes vanskelighetsgrad.

Har trukket opp en flaske rødvin og har tent på de to

stearinlysene på bordet. Venter på at kyllingen skal bli varm. Risen er nesten klar og om ett eller to minutter lar jeg freden synke inn over meg.

En fantastisk runde var det. Umulig for en ikke golfer å forstå, men når jeg tenker på at jeg spilte banen på 77 slag, fem over banens par, forstår jeg nesten ikke at det er sant.

Det hele skjedde i en torsdag-match under perfekte forhold, hvor jeg ut fra mine 11 i handicap, spilte til 42 stableford-poeng.

Nå forstår jeg enda en gang i livet hva det vil si, hva meningen er med den tesen som jeg så ofte bruker, det at:

"Det er ikke målet som teller, men prosessen".

Nå har jeg jo nådd målet, men innser at det fra dette øyeblikk er blitt et delmål.

"Single figure handicap", betrakter jeg selvfølgelig fra denne dag som et delmål ikke et mål, men kun som et av mange trappetrinn i trappen. Slik er det bare.

Hvor mange trappetrinn trappen har er for så vidt uvesentlig. Billedlig sett kan det være et uendelig antall.

Tanken på hva mitt neste delmål når det gjelder golf skal være, er uklar.

Kan jeg noen gang komme til å gjenta dette resultatet, eller rettere sagt forbedre det?

Det er en deilig erkjennelse dette med at et mål blir til et delmål når det er oppnådd

MINE TANKEVEKKERE OM AMBISJONER OG DELMÅL

AMBISJONER

Lysten til å hevde deg, Ambisjoner, krever mye forsakelse og oppofring.
Er du ikke motivert med stålsatte Ambisjoner, når du aldri målet.
2013

MÅLET I

Jo nærmere du kommer Målet, jo mer betydningsfulle blir detaljene.
Mai 2019

MÅLSETTING

Det er lettere å Sette seg Mål i livet, enn det er å kjempe seg veien til å nå dem.
Juli 2020

FOKUSERING OG VIDSYN

Fokusering på målet er viktigst av alt -
mens Vidsyn må til for å holde kontroll underveis.

FORSTÅELSE I

Oktober 2013

Tenk hvilken forskjell det ville bli hvis vi mennesker en dag virkelig forstod hverandre.

Selvfølgelig er dette ikke sort hvitt, vi forstår selvfølgelig hverandre når det gjelder det meste, i hvert fall når det gjelder de store linjene. Nyanser og tvister oppstår ofte som et resultat av at vi mener å ha forståelse, men så har vi det ikke allikevel. Spesielt gjelder dette når det kommer til detaljer og små men viktige nyanser. Nødvendigvis ikke noe galt ment fra noen av partene, men det er ofte bare slik at nyanser i oppfattelsen gjør at det ikke blir den helt riktige forståelse.

Ligger det så i dette postulat at vi generelt ikke forstår hverandre og at det ville bli en vesentlig forskjell den dag vi mennesker virkelig forstod hverandre? Ja, jeg mener bestemt at vi i for stor grad ikke forstår hverandre og at det fører til uanede utfordringer så vel i våre snevre dagligliv som i en større nasjonal, internasjonal og global sammenheng.

Først må det en erkjennelse til når det gjelder hva som menes med å forstå hverandre.

Det går ikke her på så enkle ting som forskjellig språk og at det i den sammenheng ofte sniker seg inn misforståelser, noe som i seg selv kan være grobunn for uenighet. Dette selv om begge parter i en kommunikasjon tilsynelatende snakker samme språk.

I enkel kommunikasjon er det klart at hovedlinjene stort sett forstås.

Det er nyansene og detaljene som ofte teller mer enn

man aner, også i denne sammenheng. Det er dette vi må erkjenne hvis noe av innholdet i denne refleksjonen skal ha mening.

Vi må erkjenne at går vi i dybden i en kommunikasjon, skjer det lett at viktige detaljer og nyanser nedtones eller forsvinner og at den dypere mening ikke kommer tydelig nok frem, eller, sagt på en annen måte, kommer til forståelse.

Er årsaken den at det hele blir for komplekst? Hvis det er tilfelle, burde det ikke da være motsatt? Mange oppfatter ikke dette og bra er sikkert det, for vi skal vel ikke alle fordype oss for mye i detaljer.

Jeg har en del egenerfaring på dette med forståelse når det gjelder forskjellig språk.

Min kone gjennom de siste femten år er sveitsisk, og ettersom hun er fra Genève er hennes morsmål fransk.

Jeg snakker ikke fransk og har av forskjellige grunner heller aldri hatt særlig sans for å lære meg dette språk, så vår kommunikasjon går på engelsk, et språk som for oss begge i livets utgangspunkt var ukjent.

Hun har riktignok bodd i Spania i vel førti år og tidligere vært gift med en engelskmann i vel tjue av dem, mens engelsken for mitt vedkommende stammer fra skolen, opphold i utlandet og senere forretningsliv.

Hennes vokabular er rimelig stort, mens mitt nok er mer begrenset. Ikke desto mindre går kommunikasjonen etter min mening svært bra i det daglige.

Nå er vi jo også for lengst havnet i kategorien ”vintage”,

og det har utvilsom sine positive sider når det gjelder kommunikasjon, fordi modenhet ofte også medfører at man tilegner seg en større grad av toleranse.

Om ikke andre mener det så gjør man det i hvert fall selv.

Det blir lett å finne forståelse for misforståelser når man kommuniserer på et språk som for begge er tillært, og man, det vil i denne sammenheng bety begge, er utstyrt med en klype fleksibilitet.

Forståelse er nødvendigvis ikke alltid positiv. Såkalte forståsegpåere er for eksempel ikke nødvendigvis udelt sympatiske, men det betyr selvsagt ikke at folk uten forståelse, på noen måte automatisk kan stemples som sympatiske.

Uttrykk som: Jeg har forståelse for dine synspunkt, eller lignende, benyttes ofte i diplomatisk sammenheng. Der dreier det seg om å tilnærme seg hverandre gjennom å gi og å ta.

Resultat gjennom forståelse og tilnærming, gjør detaljer og nyanser viktige.

Kan vi så lære å forstå hverandre bedre? For meg står det helt klart at vi kan det, hvis vi bare først erkjenner at det ofte er forståelse for detaljer og nyanser som skal til for å oppnå en balansert kommunikasjon.

Er du deg bevisst kan du i mange sammenheng, gjennom å søke gjensidig forståelse, komme et godt stykke videre mot enighet, men lett er det ikke.

Forøvrig skal vel ikke målsettingen være at vi skal være enige i alt.

MINE TANKEVEKKERE OM FORSTÅELSE

FORSTÅELSE OG AVGJØRELSER

Alle Avgjørelser, hvis de skal ha noen verdi, må være basert på Forståelse, altså på viljen til å Forstå det saken gjelder samt partene som er involvert.

Mars 2013

FORSTÅELSE I

Den som tror jeg ikke vet det - har definitivt ikke Forstått - at ting har fått skje som jeg godt kunne se skulle stoppes. Hvis det ikke var for nettopp det - at utvikling skjer ved vidsyn og offer - ikke med nøkterne bremser som stopper. Det har kostet å så - kanskje lite å få - men alt veies opp mot det å Forstå.

FORSTÅELSE II

Et kjent uttrykk er at de farligste er de som selv ikke Forstår at de ikke Forstår. Det betyr imidlertid ikke at man er ufarlig, selv om man innrømmer at man ikke Forstår.

Nov. 2019

FORSTÅELSE III

For den som ikke Forstår, eksisterer ikke problemer.

Juli 2019

ERFARING

Oktober 2013

Det hviler noe pretensiøst over ordet erfaring. "Erfaring tilsier at...".

Som en generell bemerkning lar man det nok i de fleste tilfeller passere uten nærmere refleksjon, men kommer det i forbindelse med seriøse innlegg presentert av mennesker med autoritet bør man nok spisse ører.

Hvor ville vi vært uten erfaring? Ville vi ikke da bare gjenta det samme, det være seg om gjentagelsen i utgangspunktet er riktig eller gal.

Hva ville være prosenten for om gjentagelsen er riktig? Igjen et spørsmål om opprinnelsen.

Erfaring er noe vi i dagliglivet ikke er oss bevisst, tror jeg. Det bare er ufravikelig slik, for de fleste av oss, at vi automatisk trekker slutninger med bakgrunn i våre erfaringer og ubevisst foretar små eller store korreksjoner.

Denne form for erfaring er antagelig en av de vesentligste faktorer som er med på å utvikle oss, og det forhåpentligvis gjennom hele livet. Det ville jo være svært kjedelig om du på et tidspunkt sa til deg selv at nå får det være nok med erfaring, fra nå av skrur jeg av den bryteren.

På en måte blir det det samme som at du strekker armene i været og sier at nå har jeg ikke mer å lære, det er ikke lenger noen vits med den læreprosessen.

Lykkeligst er de som bevisst er innstilt på å ta til seg lærdom, helt til sin siste dag.

Det er selvfølgelig slik at gjennom teoretisk lærdom får man også erfaring, riktignok ikke praktisk.

Er det så noe som kan kalles åndelig erfaring i motsetning til praktisk erfaring?

Først eksempelet med at man gjennom skole og universitet får en akademisk utdannelse. De erfaringer man har fått som resultat av sine studier er selvfølgelig verdifulle og nødvendige, får man håpe, når det gjelder søknad om den stillingen man ønsker.

Men, selv om yrkesvalget ikke er direkte praktisk, men av mer akademisk art, kommer spørsmålet om praksis frem. Da står man der med eksamenspapirene og stiller stort sett i klasse med alle de andre søkerne. Uansett hvem som får stillingen og hvilke kriterier som ligger til grunn for det, kan man spørre seg selv om hvem som skal dekke kostnadene til den erfaring som må opparbeides for at jobben skal kunne gjøres skikkelig.

Hvem skal bekoste de erfaringene som man etter hvert tilegner seg i det praktiske liv?

I den sammenheng blir det nok arbeidsgiveren som må investere for å kunne dra full nytte av utdannelsene, og det er sikkert som det skal være. Man kan jo naturlig nok ikke være rustet til oppgavene man blir tillagt før man har tilegnet seg erfaring.

Det andre eksempelet er utdannelsen, den av mer grunnleggende karakter, som etter hvert kan kombineres med praksis i næringslivet innen det yrket du tenker å etablere deg i.

Denne kombinasjonen av skole og praktisk erfaring er etter min mening den desidert beste når det gjelder praktiske yrkesvalg, hvis den fremdeles eksisterer i en eller annen fungerende form.

På den tid jeg begynte å arbeide, på slutten av femtitallet, hadde vi flere lærlinger ansatt i firmaet. De skulle kunne nå fremt til svenneprøve eller fagprøve.

De var ansatt på serviceavdelingen, gikk på lærlingkontrakt og hadde, hvis jeg ikke husker feil, en eller to dager i uken fri til å gå på yrkesskole for å tilegne seg teoretisk utdannelse.

Så vidt jeg forstår er denne ordningen for lengst erstattet av andre, men jeg har ikke satt meg nærmere inn i dette.

Spørsmålet er om ikke lærlingeordningen, gjerne i en mer modernisert form enn den vi hadde den gang, ville være bedre og mer interessant for mange med mer trang til å komme tidlig ut i et håndverk, enn å kjempe seg gjennom høyere teoretisk utdannelse med liten eller ingen interesse for dette.

Jeg har hørt at lærlingeordningen praktiseres med hell blant annet i Sveits, og det at man i England stadig henviser til at det må skapes flere "apprenticeship" stillinger, som jeg mener lærlingeordningen heter der, tar jeg som et tegn på at denne utdannelses-formen stadig regnes som den beste når det gjelder praktiske fag.

En arbeidssituasjon for unge, som innebærer en kombinasjon av teoretisk og praktisk opplæring, har jeg stor tro på.

Tenk om andre kunne lære av våre hardt tilegnede erfaringer, så mye bedre alt ville bli?

De som har det synet står overfor kortsynte og meningsløse tankemåter etter min mening.

Du må selv være herre over dine erfaringer; jeg går så langt som til å hevde at det kun er gjennom egne erfaringer du kan komme videre.

Her ser jeg selvfølgelig bort fra aksepterte erfaring plattformer i alle deler av samfunnet, som er fremkommet som resultat av generell forskning og vitenskap.

Slike erfaringer hører med i all teoretisk utdannelsen på alle nivåer og danner derved automatisk, i de fleste tilfeller, en positiv ballast.

I den sammenheng er det klart at det kan dras lærdom av andres erfaringer.

Nå må du ikke tro at alle erfaringer er av det gode og det er det nok ingen som gjør. Alle har i en eller annen form også hatt dårlige erfaringer.

Konklusjonen blir at det egentlig betyr lite om erfaringene du gjør deg er gode eller dårlige, bare du tar lærdom av dem.

Dårlige erfaringer trigger ikke til gjentagelser, mens de gode helst bør inspirere til sådanne.

Jeg tror det kan være bra for oss alle å fokusere litt mer på erfaringene. Tenk gjennom hvilke erfaringer du har gjort deg i livet, av den kategori som har vært av betydning for din utvikling, og bevisstgjør disse.

De fleste av oss er, tror jeg, utrustet med en god eller mindre god fortrengningevne. Jeg kaller denne evnen en sikkerhetsventil.

Vi kan ikke bare fylle på med for mange negativiteter, spesielt gjelder dette de dårlige erfaringene vi til tider gjør oss.

Vi bør nok prøve å fortrenge noen av disse når vi føler at det er nødvendig for å opprettholde en akseptabel erfarings-balanse.

Den beste erfaring som nok har vært med på å prege min utvikling mener jeg å ha tilegnet meg under min skoletid i Italia i slutten av femtiårene.

MINE TANKEVEKKERE OM ERFARING

ERFARINGER

Du gjør uklokt i å undervurdere Erfaringer.

2013

ERFARING I

Dårlige Erfaringer trigger ikke til gjentagelse - mens de gode helst bør inspirere til sådanne. Det kan være bra for oss alle å fokusere litt mer på Erfaringer. Tenk gjennom hvilke Erfaringer du har gjort deg gjennom livet, av den kategorien du mener har vært av betydning for din utvikling, og bevisstgjør disse.

Oktober 2013

ERFARING II

Ikke alle Erfaringer er av de gode, men de er en del av ditt liv og er derved med på å forme din personlighet.

Des. 2019

ERFARING OG VITEN

Erfaring er noe man opparbeider over tid
- mens Viten er et resultat av Erfaringer.

KOMMUNIKASJON OG STEMMEN

April 2013

Kommunikasjon er stort sett hva du gjør det til, i hvert fall til en viss grad. Jeg tenker i denne sammenheng på den verbale kommunikasjonen.

Den beste beskrivelsen av ordet kommunikasjon er etter min mening: "den prosessen som har tankenes enhet som mål", hentet fra Wikipedia. Det finnes en lang rekke flere beskrivelser naturligvis, tenk bare på hvor allsidig kommunikasjonen er, det være seg uansett i hvilken kontekst.

Som nevnt i andre sammenheng er jeg gift med min Sveitsiske kone Marianne. Vi har nå i mai vært gift i femten år og ettersom min spansk, hun snakker flytende spansk, er rimelig rusten og jeg ikke snakker Fransk som er hennes morsmål, har vi alltid oss imellom kommunisert på engelsk.

Selv om jeg er engelsk statsborger så har jeg hele mitt liv hatt Norge som base og har derfor bare skoleengelsk som utgangspunkt og vanlig skole ble det ikke for mye av.

Uansett, en helt super kombinasjon.

Selv om man selvfølgelig er blitt mer tolerant og forståelsesfull i relasjon til sin samlivspartner ettersom årene har modnet en, er det få som vil tro meg når jeg sier at vi i disse snart femten år knapt nok har vært i nærheten av det jeg vil karakterisere som en krangel.

Svaret ligger blant annet i den redningsplanken man har når man kommuniserer på et språk som ikke er ens morsmål.

"I must have misunderstood what you meant". Dette viser som man forstår ens evne til toleranse, men gir samtidig den bedre halvdel en sjanse til å glatte det over med; "yes, I understand that you must have misunderstood. What I really meant was....". Er dette kommunikasjon? Uansett, ingen av oss behøver å føle nederlag eller miste stoltheten; er ikke vi heldige?

Jeg håper ingen tar meg for bokstavelig i dette, er nok antagelig ikke på langt nær så enkelt. Tror ikke et dårlig fundament kan reddes på denne måten.

Kommunikasjonen favner som sagt uendelig vidt.

Stemmen i seg selv, benyttet som verbal uttrykksform, er desidert den mest anvendelige form for kommunikasjon og det er etter min mening også her stemmens fullkommenhet kommer til uttrykk.

Et ord, en setning med forskjellig tonefall, tolkes forskjellig. Spesielt skjer dette når man ikke ser den som snakker. Glede, sorg, forventning og spørsmål, alt uttrykkes i en kombinasjon av ordbruk og tonefall.

Tonefallet uttrykker ofte bedre enn ordene, selve sinnsstemningen.

I forbindelse med en tidligere refleksjon, en jeg laget om smilet, blandet jeg inn både stemmen og øynene, fordi jeg stilte spørsmål om smilet egentlig kunne stå alene, eller om det måtte ses i sammenheng med for eksempel stemmen og øynene.

I den sammenheng følte jeg at det var naturlig å stille spørsmålet, men når det gjelder stemmen, kan den definitivt stå på egne ben og gjør det ofte.

Ikke minst hver gang man ringer. Alt etter samtalens

karakter, formes intuitivt stemmen etter det budskap man ønsker overbrakt.

Svarord, uttrykt på forskjellig måte, kan gi deg alt fra den sterkeste frykt til den største glede.

Dette guddommelige instrument kan spille på et uendelig antall strenger.

Selv dyr er meget vare for dette instrumentet. Ingen tror vel at de forstår språket de blir tilsnakket på. Nei, selvsagt reagerer de på stemmen som sådan.

Vi er kanskje alle for lite bevisst når det gjelder bruk av stemmen, eller er det kanskje nettopp det vi er?

Burde man ikke alltid, og da spesielt når man snakker i telefonen, bevisst tenke på hvordan ens stemme blir tolket av den man snakker med. Spesielt viktig blir kanskje dette når det gjelder mennesker som er nær knyttet til hverandre og hvor hårfine nyanser er av betydning.

Jo lenger man er fra hverandre, jeg tenker i denne sammenheng på geografisk atskillelse, jo mer betydning føler jeg at man bør legge i dette.

Stemmen er også et betydningsfullt våpen og svært allsidig, brukt som sådan.

Det pussige er at nettopp brukt som våpen, er kanskje stemmen det beste i sitt slag, noe som i motsetning til andre virkemidler kan ha sin største betydning når den ikke blir brukt.

Er det ikke noe som heter "å tie i hjel"?

Stemmen kan både elske og hate, men du må ikke la deg forlede til å tro at den arbeider på egen hånd. Selvfølgelig snakker noen uten å tenke, men det er ikke det jeg mener.

Nei, stemmen vil for all tid forbli et instrument og som sådan være underlagt hjernen.

Min personlige erfaring når det gjelder kommunikasjon har gjennom årene vært allsidig, i den forstand at jeg som arbeidsgiver har hatt nær kontakt med ansatte på alle trinn og av begge kjønn. Bare sjeldne ganger var det, så vidt jeg husker, nødvendig å innse at kommunikasjon ikke førte frem.

Selvfølgelig klarte jeg ikke alltid å leve opp til det som var min firma-policy, den at enhver ansatt bør ha rett til å få vite så mye om driften, at selv om vedkommende ikke alltid var enig i avgjørelser og målsetting så skulle de, hvis de var interessert, i hvert fall ha grunnlag for å forstå motivene.

Det var klart ikke slik det lød i den interne firma-policy jeg den gang skrev, men den er dessverre gått tapt på veien.

I dag lyder det helt på siden med slike idealer i næringslivet vil jeg tro, holdninger som dette finner antagelig liten forståelse i dagens personalforvaltning.

I familiesammenheng var nok erfaringene, spesielt i mine yngre dager når det gjaldt kommunikasjon, noe annerledes.

Jeg ble til tider beskyldt for å være feig når jeg ikke gikk inn i, etter min mening, enveisstyrte argumentasjoner hvis utfall var avgjort lenge før kommunikasjonen startet. Det er noe med at; "der hvor intet er å hente, har selv Keiseren tapt sin rett".

Heldigvis hørte disse situasjonene til sjeldenheten, men de brant seg fast.

Forvrenging av sannheten eller total ensrettet holdning gjør kommunikasjonen vanskelig, om ikke umulig, og det samme når det gjelder uberettiget skyld. Fortvilelsen tårner seg opp og det er da man ikke ser annen utvei enn å gå på kompromiss eller gi opp.

Mange vil sikkert av dette trekke den konklusjon at jeg heller ikke kan ha vært enkel å ha med å gjøre, noe jeg selvfølgelig har full respekt for.

Jeg tror imidlertid ikke disse forhold har satt for dype spor, men det er nok sår som ikke har vært enkle å lege.

Jeg skynder meg å tilføye at jeg generelt har et utmerket forhold til mine omgivelser, så i denne sammenheng snakker jeg om snøen som falt i fjord.

Hvis bare grunnlaget mellom partene ikke er totalt ute av balanse, bør det være mulig gjennom kommunikasjon å oppnå enighet.

MINE TANKEVEKKERE OM KOMMUNIKASJON OG STEMMEN

KOMMUNIKASJON I

Den høyeste form for Kommunikasjon er den som selv den forutsetningsløse kan benytte og ha glede av.

1989

FEIGHET

Er du Feig når du unngår konfrontasjon med elementer som du av erfaring vet er kompromissløse?

Juni 2019

KOMMUNIKASJON II

Du bedrer forståelsen hvis du erkjenner at det ofte er detaljer og nyanser som skal til for en balansert Kommunikasjon.

Oktober 2013

SNAKKESALIG OG LYTTENDE

Som Snakkesalig går alt ut mens lite kommer inn.
Som en god Lytter kommer alt inn, mens kun det som er av verdi for vedkommende forblir der. Kombinasjonen av å være Snakkesalig og samtidig en god Lytter er en kunst.

Sept. 2019

SAMVITTIGHET II

November 2012

La meg med en gang slå fast at dette er et meget ømtålig tema. Samvittighet er vel antagelig det mest tøyelige begrep ettersom blant annet både moral, skjønn og følelser alltid er involvert. Alle ser samvittighet ut fra sitt skjønn og sine egne moralnormer, så dermed understrekes tøyeligheten.

I min bok. "Tanker", skrev jeg blant annet om samvittighet: "Jeg antar at samvittighet er noe vi alle i en eller annen form er opptatt av. Om det gjelder god eller dårlig samvittighet, så er den med oss som en del av vårt daglige liv".

Så er det også noe med fortrengsel av den dårlige samvittigheten og den fine varme følelsen av den gode.

Det kan dreie seg om samvittighet som gjelder viktige ting eller bare dumme små ting, men vi har allikevel følelsen av at den er der".

Den gang mente jeg som jeg skrev, at vi alle i en eller annen form er opptatt av samvittigheten. Nå, neste 12 år senere har jeg nok revidert dette noe som man vil se litt senere, hvor jeg tilkjennegir at mange nok ikke har samvittighet i det hele tatt.

Vi har selvfølgelig lover som, i våre demokrati i hvert fall er tenkt som klare retningslinjer for hvordan vi skal oppføre oss i nær sagt alle situasjoner. De er der til vårt eget beste sier de som har laget dem, men selv om det sikkert i det store og hele er riktig, tror jeg nok at de fleste synes vi overkjøres av lover og forordninger og mange av dem er det de færreste av oss som virkelig forstår.

Greit nok med de lover og regler vi til daglig stifter bekjentskap med, for eksempel i trafikken. Her er det et spørsmål om å redde liv og å redusere skader.

Hver enkelt av oss vurderer hvordan reglene skal følges ut fra skjønn og samvittighet.

Skjønnet går oftest på, spesielt med mine senere mange års kjøreerfaring i Spania, at 40 grensen er nok der, men betyr mellom 60 og 80. 120 grensen på motorveiene betyr minimum 130, og praktiseres gjerne nærmere 150 og med mange unntak over 170.

Full stopp skiltene tolkes av mange som: bare kjør hvis veien er fri. Spesielt i småbyene betyr enveisskilt, for det meste av de lokale innbyggere: bare kjør hvis ingen andre kommer mot deg og du derved kan komme fortere frem til bestemmelsesstedet.

En stekt utbredt sport blant de som for det meste ligger rundt 150 på motorveien er å se hvor nærme de kan komme bilen foran uten fysisk kontakt.

Må ellers innrømme at det er blitt langt bedre med respekten for fotgjengerovergangene. Det er ikke lenger en sport å se hvor nær fotgjengeren man kan komme uten å treffe.

Nei da, det meste går da fremover.

Alle forannevnte eksempler går mer på skjønn enn på samvittighet.

Etter deres eget skjønn handler de sikkert riktig

Det var skjønnet, men hvor kommer så samvittigheten inn,

ja, hvor kommer den inn i dette bildet?

Mange har ikke samvittighet i det hele tatt, så de kjører i sin egen verden uansett, mens mange nok har samvittighet; men den er ofte svært dypt begravd og kommer ikke frem før ulykken er ute og det er for sent.

For hvem eller hva skulle man ha samvittighet for i trafikken?

Jeg vil nødig bli oppfattet som en helgen i denne sammenheng, for det er jeg ikke, men ta for eksempel promillekjøring.

Der er jeg helt konsekvent og kan referere til at siden jeg var vel 20 år gammel og frem til den første tiden jeg kom til Spania i 1983, var det aldri snakk om så mye som et glass når bilen var transportmiddel.

Men tingene forandret seg nok i noen grad den gang i Spania, et glass eller to til maten og en brandy til kaffen, hindret en ikke i å kjøre hjem.

Tok man en tidlig morgenkaffe i den lokale baren, var det ofte man så politiet med sin "carajillo", expresso kaffe med brandy eller rom, før dagens arbeid satte inn.

Mener at man var seg meget bevisst, kjørte ekstra forsiktig og uten at samvittigheten plaget en, men det ville være løgn å si at jeg i begynnelsen og frem mot slutten av nittiårene, hvor jeg bare kom på sporadiske besøk, fulgte mine norske vaner.

Etter hvert som reglene ble skjerpet også her, med jevnlige kontroller, har imidlertid alt forandret seg. I dag er det nok for de fleste utenkelig i det hele tatt med kombinasjonen kjøring og alkohol og sånn skal det være. Om det er samvittigheten eller det moralske ansvar for å skade andre, eller for ikke å snakke om det som kunne være enda verre vet jeg ikke, men desto bedre hvis det har å gjøre med begge, at man velger den totalitære linjen.

Kanskje det allikevel er de små gode eller dårlige samvittighetene det meste dreier seg om. De store blir ofte så overveldende at hvis man først har samvittighet så prøver man "strutseleken". Hodet i sanden og lat som de ikke er der.

Har noen prøvd å se på, eller rettere sagt prøvd å telle sine gode og dårlige samvittigheter. Jeg lurer på om man kunne lage en form for norm som sier at man med en så og så stor prosent av de respektive, ville være innenfor akseptable rammer og normer?

Antagelig ville dette bli for komplisert, og samvittigheten bør for øvrig ikke kunne overlates til andre, den er helt klart blant noe av det mest personlige vi har.

Jeg har i hvert fall en dårlig samvittighet, men den ønsker jeg ikke å dele med noen før jeg en dag har lagt den bak meg.

Jo mer jeg tenker på dette innser jeg at jeg også antagelig, i denne sammenheng, deltar i Strutseleken.

Samvittighet, skjønn og moral hører sammen.

Av de ordtak jeg har sett når det gjelder samvittigheten kommer denne Persiske høyest.

"Livsglede spirer fra ren samvittighet".

MINE TANKEVEKKERE OM SAMVITTIGHET

SAMVITTIGHET I

Intet er bedre enn følelsen av god Samvittighet.

SAMVITTIGHET II

Har noen prøvd å telle sine gode og dårlige Samvittigheter? Jeg lurer på om man kunne lage en norm som sier at man med en gitt prosent av de respektive, ville være innenfor akseptable rammer og normer? Antagelig ville det bli for komplisert og Samvittigheten bør for øvrig ikke kunne overlates til andre, den er helt klart blant noe av det mest personlige vi har.

November 2012

SAMVITTIGHET III

Om det gjelder god eller dårlig Samvittighet,
så er den alltid med deg som en del av ditt daglige liv.

2023

GOD OG DÅRLIG SAMVITTIGHET

Alle stifter bekjentskap med både God og Dårlig Samvittighet -
mens graden av den Gode eller Dårlige er avgjørende for din trivsel.

STAHET

Mai 2012.

Jeg vil ikke umiddelbart karakterisere stahet som en sykdom på linje med hva jeg mener ekstrem sjalusi kan være. Her som ellers er det mange grader og nyanser.

Den enkle velkjente stahet som vi alle i en eller annen grad besitter, og til tider anvender, er av en relativt uskyldig karakter.

Ja, den kan både være humoristisk og sjarmerende og er en del av alles daglige liv og samhørighet.

Vi kan også enkelt hoppe bukk over den stahet som barn benytter for å tiltrekke seg oppmerksomhet. Den er en naturgave og en forutsetning for utvikling. Den er heller ikke på noen måte skadende, men selvfølgelig har den en sterk innvirkning på barnets oppdragelse.

Blir skriket gjentatte ganger honorert for å oppnå familiefred sier det seg selv at man er på gal vei, men det er klart at her som ellers er en balanse nødvendig.

Som vi vet er sort eller hvitt ikke alltid en farbar vei. Kanskje tilsynelatende den enkleste, men ikke på noen måte den som er den mest utviklende.

Alt hittil nevnt kan sikkert de fleste av oss enes om, dagliglivet trenger å krydres litt for å fungere.

Verre blir det når staheten hos noen blir en form for besettelse, en dreining mot det fanatiske. Mot alle odds og fornuft og med totalt manglende respekt for logikk og virkelighet, er det mange som stevner frem uten tanke for den turbulens det fører med seg, overfor, i denne sammenheng ”normale” mennesker som nettopp benytter disse sansene for å navigere seg frem i sin daglige tilværelse.

Spesielt ille blir dette for mennesker med en utpreget rettferdighetssans. Det hele blir satt på hodet når vanlige verdinormer tilsidesettes på en så brutal og ulogisk måte.

Ofte fører resultatet dessverre til midlertidig kommunikasjons-brudd og det som verre er.

En total følelse av oppgitthet på den berørtes side, mens initiativtager med denne nok noe ekstreme variant av stahet, seiler videre i sin egen tilværelse som om intet har hendt.

Man må spørre seg om det virkelig er mulig at noen er så virkelighetsfjerne at de ikke selv forstår hva de har satt i gang.

Eller kan det være slik at de mener at dette er et middel som med hell kan benyttes for å oppnå endrede forhold, ting eller situasjoner?

Begge kan sikkert være dekkende.

Ville det ikke være enkelt for den berørte bare å tenke at, pytt, dette er så vanvittig at det bare kan seile, for så å ta det hele med et stort smil som et middel til å avvæpne situasjonen?

Hvis du kjenner deg igjen når det gjelder dette vil du nok si at selvfølgelig har jeg prøvd den veien, men det får være grenser for hvor langt jeg kan strekke meg når situasjonen gjentar seg flere ganger i trekk og over lengre tid.

Den som har giddet å lese så langt må antagelig nå spørre seg selv om den som har skrevet dette har hatt noen skremmende eksempler å vise til når det gjelder stahet - og det har han.

MINE TANKEVEKKERE OM STAHET

STANDHAFTIGHET II

Står valget mellom flere, som tilsynelatende står likt, bør man satse på den mest Standhaftige i betydning karaktersterk og utholdende.

Mai 2019

STAHET I

Den verste Staheten er den som for noen blir en besettelse, en dreining mot det fanatiske.

2016

STAHET II

Stahet kan lett føre til kommunikasjons-brudd og det som verre er.

2019

STAHET III

Noen benytter stahet som middel for å oppnå endrede forhold, ting eller situasjoner.

2020

ÅPENHET

April 1994

Etter min mening er vi mennesker ikke særlig åpne.

Enkelte synes nok de er det - men det er de ikke - innerst inne.

Vi er beregnende i det meste vi gjør - det strider mot åpenhet.

Ekte åpenhet finner vi bare i naturen. Der legges ingen beregninger til grunn for noe som helst.

Legg for eksempel merke til hvordan blomstene tiltrekker seg bien. Kronbladene som uforbeholdent gir slipp på blomstens indre - gir plass til bien - det er ekte åpenhet.

Selv har jeg to kraner. En hovedkran som sitter langt inne og som ofte er stengt, og den ytre, den som kontrollerer kretsløpet fra den indre til den ytre kranen.

Jeg er heldig som har det ytre kretsløpet.

Det virker nok på de som ikke kjenner meg som om jeg er åpen, noe jeg egentlig ikke det.

Jeg velger å tro at de fleste mennesker har disse to kranene. Det er viktig, svært viktig, at du kan skjerme deg og som reven, ha flere utganger fra hiet.

Åpenhet kan lett straffe seg - fortell alt og du står for hugg.

Det er bedre å la åpenheten komme i doser - se på reaksjonen.

Er det det?

Usikkerhet - skapes ikke det nettopp av manglende åpenhet?

Hvordan er det med dyreverdenen? Kan ikke forestille

meg at en ku ute på et jorde holder noe tilbake i den hensikt å oppnå noe spesielt.

Ikke for det forresten, en hund som tigger, viser den åpenhet? Neppe - den har bare av erfaring lært seg at ved tigging oppnår den noe.

Det ligger sannsynligvis ikke til menneskenaturen å være åpen. Var vi det opprinnelig, eller har vi bare lært oss til ikke å være det?

Er det mer åpenhet i primitive samfunn? Etter min mening er det logisk om det er det.

Vi lever i et lukket samfunn sies det.

Er det en betegnelse på det at vi ikke slipper andre inn, eller ihvertfall i liten grad gjør det?

Når lediggang sies å være roten til alt ondt - kunne da åpenhet være roten til det gode?

Bare ikke la det bli for åpent. Det er greit å ha litt i bakhånd i tilfelle åpenheten blir misbrukt.

MINE TANKEVEKKERE OM ÅPENHET

ÅPENHET

Ekte Åpenhet finnes bare i naturen.
Der legges ingen beregninger til grunn for noe som helst.
2017

LYTT TIL VERDEN

Lytt til verden. Fordøy hva du hører, bruk det du finner verdifullt og gjør det beste ut av situasjonen.
Juni 2019

ÅPENHET OG USIKKERHET

Usikkerhet er ofte resultatet av manglende åpenhet.
2019

BLOTTSTILLE

Er det kun dumme mennesker som blottstiller seg,
eller er det et symbol på trygghet og ærlighet?
April 2020

FØLELSER

April 2014

Alt i livet må ha med følelser å gjøre. Uten følelser ville menneskeheten ikke overlevd.

Direkte fra oppslagsverket omtales følelser blant annet som emosjoner og affekter. Emosjoner er flere sammensatte sinns-reaksjoner, så som glede, sympati, medfølelse, sorg, avsky og så videre.

Dette blir kanskje klarere hvis man tar eksempelet med at det er umulig å være glad på oppfordring. Det må ligge følelser bak.

Dette var innledningen, nå mer direkte, det å ta og føle på følelsene. Jeg har på følelsen at de fleste av oss har klare oppfatninger om følelsene. Følelser er noe alle stifter bekjentskap med allerede fra meget tidlig alder.

Barn viser helt uforbeholdne og ubevisste følelser; herlig uskyldig.

Det må skilles mellom de ekte og de falske følelsene. Du føler nok rent intuitivt hva jeg mener.

Ærligheten må her som i alle sammenhenger i livet settes i høysetet og da blir alt dette mye enklere.

Bortsett fra i ganske få unntak som jeg ikke mener det er grunn til å gå inn på, er det ingen vits i å gå på kompromiss med ærligheten, da det kun er et spørsmål om tid før avsløringen kommer og da med uventede og som regel ubehagelige konsekvenser.

Hva ville kjærligheten være uten følelse? Svaret sier seg selv, gjør det ikke det? Ekte kjærlighet kan ikke eksistere uten følelser, og det betyr at kjærlighet basert på falske følelser ikke har noe med kjærlighet å gjøre. Bastant oppfatning? Absolutt, men stadig etter min mening, da jeg er overbevist om at det finnes de som vil kunne argumentere for noe annet; dem om det.

Det å vise og uttrykke følelser er svært personlig. Hos de aller fleste sitter nok denne egenskapen dypt, men det vil ikke på noen måte si at de som kanskje utad har vanskelig for å vise eller uttrykke følelser ikke har denne egenskapen, kanskje ofte tvert imot.

Tillit og trygghet kan ofte være den faktor som skal til for at du skal kunne åpne for dine følelser.

Uansett, alt med følelser dreier seg om en hårfin balansegang, som, hvis det ikke kommer naturlig, heller ikke er riktig.

Det å føle for noen er svært forskjellig fra å føle med noen.

Medfølelse er en spesiell form for følelse som ikke direkte går på deg selv. Den er en følelse du gir til andre i form av sympati og forståelse. Er den naturlig fra din side, slår god-følelsen tilbake som en boomerang og da føles den svært god.

Det er viden kjent at dyr har sanser som vi mennesker ikke har og forstår. Det sies at de kan føle kommende jordskjelv, stormer og andre naturfenomener.

Fordi vi mennesker mener at vi har kontroll over så mangt, tilsidesettes at vi også besitter sanser av spesiell karakter. Ingen tvil etter min mening om at slike sanser hos oss var mer fremtredende i fordums tider, men det er vel slik at evolusjonen gjorde oss til mer "moderne" mennesker og som et resultat av dette minsket behovet for urgamle sanser mens andre tok plassen.

Ikke desto mindre ligger det stadige etterslep fra den gang vi var mer lik dyrene.

Alle er seg nok ikke dette like bevisst og hvorfor skulle de være det, ettersom behovet egentlig ikke er der i det daglige.

Uttrykket "jeg kjenner det på jekta" er bare ett i samme kategori og høres kanskje veldig bestemorlignende ut. Uansett, åpner du bare din skepsis-dør litt på gløtt, er nok ikke dette så fjernt at ikke de fleste både har hørt det og kanskje selv følt det.

God-følelser, blandede følelser eller dårlige følelser. Jeg tror nesten alle greit kan skille mellom disse tre følelsene, det vil si ganske presist identifisere seg med den av de tre som passer inn i en situasjon. Hvorfor, jo, fordi du har det på følelsen.

Likeledes tror jeg det er enkelt for de fleste å beskrive andre som enten følelseløse, følelsekalde eller følelsevarme.

Verre er det kanskje med riktigheten av svaret hvis du skal beskrive deg selv.

Jeg er ikke helt klar over hva som menes med; "å lytte til musikk med følelse". Det refereres antagelig ikke til at musikken har følelse, eller kan den ha det? Nei, det er vel heller slik at dine følelser engasjeres når du lytter til spesielle musikkstykker du føler for. "Feelings".

Hittil har det dreid seg om den utrolige sans følelsen

representerer, hvis følelse ellers kan karakteriseres som en sans.

Hva så med den fysiske siden, den som har med det å miste følelsen å gjøre? Begrepet blir for vidt å ta fatt i, men det er etter min mening ingen som helst tvil om at de som i en eller annen form har stiftet bekjentskap med den del av følelsene, og det er langt flere enn man tror, har sine egne spesielle utfordringer å forholde seg til. Kanskje det ofte blir slik at du i en slik sammenheng velger å holde følelsene for deg selv.

Føler ikke du også at det er noe riktig i dette?

Etter at denne refleksjonen om følelser var satt på papiret mente jeg å huske at jeg i to tidligere refleksjoner har vært i nærheten av følelsene, og riktignok, når jeg tittet etter fant jeg den om "følsomme hender" fra april 1994 og den om "følsomhet" fra mai samme år.

Jeg må innrømme at det blir for omfattende for meg og nå skulle til å se om det er noen selvmotsigelser eller gjentagelser med i spillet, men en eller annen form for sammenheng mellom følsomme hender, følsomhet og følelser må det vel antagelig være.

Kanskje noen orker å ta en titt på det?

MINE TANKEVEKKERE OM FØLELSER

TILLIT OG TRYGGHET

Tillit og Trygghet er faktorer som skal til for å åpne for følelser.

April 2014

FØLE FOR ELLER MED

Å Føle For noen er svært forskjellig fra å Føle Med noen.

April 2014

MEDFØLELSE

Medfølelse er en Følelse du gir til andre i form av sympati og forståelse. Er den naturlig fra din side, slår god-Følelsen tilbake som en boomerang og da Føles det godt.

2014

Å VISE FØLELSER

Å vise følelser er en spontan ubevisst uttrykksform som du skal respektere.

Mai 2019

ÆRLIGHET

September 2012

Det er på høy tid at jeg nå griper tak i ærligheten og at jeg endelig får hull på denne, for meg, verkebyllen.

Helt siden jeg begynte å jobbe, og det er nå riktig mange år siden, har jeg irritert meg grenseløst over uttrykkene: "Skal jeg være ærlig", "I ærlighetens navn" og "Ærlig talt". Dette har i alle år ikke bare irritert meg, men til tider gjort meg rasende, for et mer idiotiske uttrykk i den sammenheng de normalt benyttes, kan jeg ikke forestille meg.

Hvordan i all verden kan man feste tillit til en person som bruker denne form for fraser?

Det vedkommende jo klart sier er at normal er jeg en totalt uærlig person men i dette tilfelle skal jeg gjøre et unntak, nemlig å være ærlig. Sprøyt og atter sprøyt.

Nå er det selvfølgelig mange som leser dette, som tar seg selv i det, vel vitende om at de selv benytter uttrykket. Til dere kan jeg kun si: slutt å bruke det med en eneste gang.

Neste gang du hører noen uttrykke seg, så følg med. Du vil bli forbauset over hvor mye uærlighet som fremkommer.

Så kan man jo bare glatte over det hele å si at det tross alt bare er en uttrykksform.

Jeg klarer bestemt ikke å ha den innstillingen.

Mens jeg er i gang er det naturlig å ta med uttrykket: "når sant skal sies".

Hva i all verden mener man med det? Skal sannheten normalt ikke være i høysetet?

Er det slik at du vanligvis ikke skal være troverdig, at sannheten ikke skal frem? Skal den spares og bare trekkes frem ved spesielle anledninger?

Verden er i denne sammenheng, etter min mening, gått helt av hengslene.

Typisk en gammelmanns uttrykksform kan du si. Ja vel, men har du den innstillingen betyr det at du enten er likegyldig overfor ovenstående, eller at du godtar det.

Glem ikke at det kommer noen etter oss. Hva skal de tro og mene hvis vi ikke gir dem retningslinjer?

Vel, vel, talemåter vil mange unnskylde det med.

Uansett, dette gjenspeiler seg etter min mening på alt for mange måter i den daglige kommunikasjon.

Vi vil, de fleste av oss, kjempe for talefrihet. I demokratiets ånd ønsker vi det.

Samtidig opplever vi at alt dette er blitt for komplisert.

Dansker laget karikaturtegninger som støter Profeten Mohammed, mens en video produsert i disse dager er støtende for de som tilber profeten og har ham som forbilde. Hevnaksjoner med opptøyer og drap følger.

Vi lever i en verden som gir oss innsikt i alt vi måtte ønske. Hele verden er åpen for oss hvis vi er interesserte.

Hvor mange religioner og trossamfunn har vi på denne planeten? Videre, hvor mange sekter har vi med spesielle oppfatninger av hva livet bør og skal bestå av.

Spørsmålet blir til slutt og det har antagelig alltid vært sånn, hvem er sterkest, hvem vil vinne og hvilke midler vil de bruke for å vinne; eller i hvert fall rykke opp i rekkene av de foretrukne religioner og avarter av disse?

Uansett, "skal jeg være ærlig", mener jeg at enhver av

oss bør få leve som vi ønsker, så vi kan gjøre det beste ut av våre liv her på jorden, alt ut fra våre forutsetninger. Men det er altså "når jeg skal være ærlig".

Denne siste fikk antagelig en slagside.

Hva mener jeg i denne sammenheng hvis jeg skal være uærlig? Hadde jeg hoppet bukk over den første "skal jeg være ærlig", tror jeg min fundamentale innstilling ville oppfattes krystallklart.

Konklusjon, eller skulle jeg heller skrive: "min ærlige konklusjon?"

Uansett, jeg mener at enhver av oss bør få leve som vi ønsker, så vi kan gjøre det beste ut av våre liv her på jorden, alt ut fra våre forutsetninger.

MINE TANKEVEKKERE OM ÆRLIGHET

ÆRLIGE FØLELSER

Ærlige Følelser bør respekteres - og behandle varsomt.

ÆRLIGHET I

Ærlighet har ingen konkurrenter.

ÆRLIGHET II

Ærlighet er ikke å forakte. Mistenksomhet og sjalusi er gift og kan være snikende farer på livets vei. Setter man imidlertid Ærlighet på dagsordenen og trekker inn en god dose toleranse og respekt for hverandre, kan mange av livets skarpe hjørnes rundes.

Fra en bryllupstale i 2005

ÆRLIGHET OG LØGN

Fokuserer man på Ærlighet og gir den full støtte - vil Løgnen trekke seg tilbake uten kamp.

INSPIRASJON

Juli 1994

Et merkelig ord - hvor kommer det fra, ordet altså?

Selvfølgelig latin - står forklart med: Innlesing, innånding, oppfattelse, begeistring, guddommelig innskytelse. I min oversettelse - som å motta noe.

Ja, hvor får man inspirasjon fra? Får vi alle inspirasjon eller er det prisgitt bare noen ganske få?

Uansett, alle har behov for inspirasjon i blant, eller hva?

Inspirasjon må etter min mening være noe du selv til en viss grad kan skape.

Du kan ikke bare sitte der å vente på at inspirasjonen skal komme. Du må der, som blant annet i markedsføring, drive oppsøkende virksomhet for å oppnå resultat. Ordrene kommer ikke bare spaserende av seg selv.

Inspirasjon til hva, eller for hva?

Vi er vant til at kunstnere må ha inspirasjon for å kunne yte, vi er liksom vokst opp med det.

Hørte for eksempel forleden dag at Grieg komponerte noen av sine beste verk i en liten stue inne i Utne. Der fant han øyensynlig verdifull inspirasjon. Tror ikke inspirasjonen bare kom til ham, han søkte den sikkert, nettopp der i de naturskjønne omgivelsene.

Komponisthytten hans, det lille huset nede ved vannet, bare et stenkast fra hovedhuset, har vi alle hørt om.

Thaulows unike gjengivelse av vannets bevegelse, inspirasjonen?

Han tilbrakte visst uendelig mye tid i kulde "on sight". Inspirasjon kan koste.

Er inspirasjon synonymt med skaperevne? Man slenger ellers så enkelt ut at et eller annet som er vellykket består av 10 % inspirasjon og 90 % transpirasjon.

Godt mulig det og for meg kunne transpirasjon-prosenten gjerne øke til 99%.

Uansett, vi må bare erkjenne at inspirasjon er en nødvendig faktor, at lite eller intet kan skapes uten inspirasjon, men igjen, hvor kommer den fra?

For noen kanskje i form av en åpenbaring, eureka. I denne sammenheng finner jeg det naturlig å bringe inn vår medfødte nysgjerrighet som et element.

Ikke den vanlige form for nysgjerrighet, den hvor du stikker din nese inn i andres saker, men den form for nysgjerrighet som består av at du gjerne skulle vite hva som skjuler seg bak det neste hjørnet.

Du stiller med åpne sanser, du er reseptiv, det kommer som vi vet intet inn i en lukket hånd.

Det blir som med trakten, jo videre den er jo mer favner den. Er du deg dette bevisst så får du på en måte samlet ingredienser, eller sagt på en annen måte, samlet frø som kan spire.

Kanskje er nettopp dette inspirasjon.

Den beste inspirasjonen kommer muligens fra andre mennesker. I denne sammenheng er det ikke spørsmål om blind tilbedelse av mennesker med autoritet og kraft.

Vi er ikke alle like. Det fins mennesker med spesiell utstråling og kraft og som ikke misbruker den.

Hvorfor er hun eller han inspirerende å snakke med?

Hvorfor var det et inspirerende møte?

Lar man seg drive med, lever man seg selv inn i ...? Er det når det skjer at man får inspirasjon?

Stort sett føler jeg at livet i seg selv er den viktigste inspirasjon.

MINE TANKEVEKKERE OM INSPIRASJON

INSPIRASJON I

Livet i seg selv er den viktigste Inspirasjon.

1994

INSPIRASJON II

Du kan ikke bare sitte der å vente på at Inspirasjonen skal komme. Du må, som blant annet i markedsføring, drive oppsøkende virksomhet for å oppnå resultater. Ordrene kommer normalt ikke bare spaserende av seg selv.

Juli 1994

INSPIRASJON III

Hvis du har et åpent sinn er du mottagelig.
Ingenting kommer inn i et lukket sinn som vi vet.
Det er som med en trakt, jo større åpning desto mer går gjennom.
Hvis du har det i tankene kan du på en måte samle ingrediensene,
eller sett annerledes, frøene som vil spire.

1994

INSPIRASJON OG ASPIRASJON

Inspirasjon til å kreere eller skape noe er en vesentlig ingrediens for Aspirasjon - som er ønske om å oppnå noe du har satt deg fore.

KJÆRLIGHET

2014

Denne overskriften har stått tom lenge, veldig lenge. Ikke fordi jeg ikke kunne gi meg i kast med den, men, og det er antagelig min forklaring i et nøtteskall, kjærlighet er kanskje verdens mest betydningsfulle ord, et ord du bør ha den største respekt for.

Man kan ikke bare ganske enkelt gi seg i kast med en refleksjon om kjærlighet sånn uten videre.

I nesten all litteratur dreier det seg om, i hvert fall tidvis, kjærlighet. Normalt ikke bare den enkle følelsesmessige tiltrekning mellom individer, men ofte den som er lett krydret med det sensuelle. Det til tider litt dyriske, kan skape spenning som gjør leseren fokusert.

Jeg legger først bak meg den delen som selvfølgelig er viktig, men som langt fra er alt som har å gjøre med kjærlighet.

Glemmer ikke min egen første kontakt med den litterære innsikt i emnet.

I bokhyllen på endeveggen av stuen i "gamlehuset" på Landøya, der jeg vokste opp, knapt en meter bak klaviaturet på flygelet, stod boken: "Lady Chatterleys elsker".

Ordet kjærlighet hadde jeg den gang, boken ble utgitt på norsk i 1952 så jeg må ha vært tretten, selvfølgelig ikke noe forhold til. Selv om jeg ikke kan erindre det må jeg vel i en eller annen form ha hatt en forståelse av ordet, men jeg kan ikke huske å ha vokst opp med noen spesiell varme av å ha blitt kjærlighetsmessig bortskjemt. Heller ikke på noen måte det motsatte, men har vel antagelig senere i livet, sett på meg selv i den sammenheng, som havnende mellom to stoler i en eller annen form.

Intet fundamentalt galt med en stefar som sådan, men kanskje det ikke helt var plass nok til alle tre den gang i starten etter krigen.

Vel, boken ble i hvert fall min, antagelig sammen med millioner andre, første litterære kontakt med det seksuelle og vi lar det bli med det.

Den seksuelle delen av kjærligheten lærte jeg tidlig å forstå, mens den delen som representerte kombinasjonen og de dypere følelsene nok tok lengre tid.

Det må ha vært et eksemplar av første opptrykk av boken på norsk de hadde i bokhyllen. Så vidt jeg husker var den også illustrert med tegninger, dog uten noen spesielt erotiske tilsnitt, så vidt jeg erindrer.

Når den til tider forsiktig ble lirket ut av bokhyllen for et nærmere bekjentskap, ble den alltid satt tilbake med største forsiktighet så det ikke skulle oppdages at den hadde vært "på utlån".

Omtrent på samme tid mener jeg også at det var stor spenning rundt det pornografiske bladet "Coctail", når man en sjelden gang kom over en utgave.

Klart det kunne være fristende å fortsette langs dette sporet, men hvor skulle jeg så sette grensen. Det kunne jo godt hende at jeg i så tilfelle fikk blod på tann, noe som utvilsomt ville føre meg på et villspor i denne sammenheng, da kjærlighet utvilsomt er mye mer omfattende enn det erotiske.

Som nevnt ovenfor tok det nok lenger tid å få en forståelse for kombinasjonen av de dypere følelsene relatert til kjærlighet, og egentlig er det vel ingen grunn til at jeg skulle vite noe som andre ikke vet om dette ordet, som etter min mening må være et av de viktigste ord i vårt vokabular.

Det er feiende flott å slå opp på definisjonene, og dem er det mange av når det gjelder kjærlighet. Alle vil kunne kjenne seg igjen i en, flere, eller hele oppramsingen av dem. Kjærlighet til hvem, til hva og i hvilken form er beskrevet i detalj, noe som slett ikke er merkelig når man tenker på kjærlighetens betydning.

I nesten all litteratur hører kjærligheten hjemme, og der den er fattes den med ekstra interesse.

Uten å kunne sette fingeren på det, vil jeg tro at det er like viktig å kunne gi som å kunne motta kjærlighet, og at det her som i mange andre forhold dreier seg om en balansegang, er jeg ikke i tvil om.

Her er jeg antagelig på tynn is. Det å motta og det å gi i denne sammenheng, altså når det gjelder kjærlighet, blir vel ikke så ekte og riktig hvis det blir snakk om en bevisst styring, altså hvis det skjer ved bestemmelse og ikke av følelse? Ikke noe rart at dette emnet er komplekst.

Kjærlighet mellom to mennesker er etter min mening uforbeholdent avhengig av ærlighet, toleranse og respekt for hverandre, hvis forholdet skal fungere. Dette har jeg lenge vært overbevist om, og gjengir derfor i omvendt rekkefølge et utdrag av en tale jeg holdt for min nevø Thomas og hans Trine på deres bryllupsdag 6 august 2005.

Respekt for hverandre:
Et velkjent og betydningsfullt uttrykk som favner vidt og som er en utrolig viktig ingrediens i samlivets mange utfordringer. Det fine er at man ikke trenger noen erfaring for å ha respekt for hverandre. Her trengs det bare bevissthet. Minn dere selv, ved jevne mellomrom, om hva respekt for hverandre egentlig innebærer i sin videste forstand og la handling følge.

Toleranse:
Dette ordet står for tålsomhet, fordragelighet overfor andre oppfatninger.
Der hvor det er høyde under taket blir det straks større volum og mer spillerom.
Motsetninger tiltrekker hverandre sies det. Sikkert mye riktig i det, men ikke uten toleranse.

Ærlighet:
Ærlighet er heller ikke å forakte. Mistenksomhet og sjalusi er gift og kan være en snikende fare på livets vei. Setter man imidlertid ærlighet på dagsordenen og trekker inn en god dose toleranse og respekt for hverandre, kan mange av livets skarpe hjørner rundes.

Kjærlighet er, sist, men ikke minst, viktig:
Det er lov å si at jeg elsker deg. Det er heller ikke forbudt å si det mange ganger hver dag.
Kan det være nødvendig da tenker kanskje noen, vi er jo

gift, så det skulle si seg selv. Det er bare det at det sier ikke seg selv. Vi trenger alle den oppmuntringen som ligger i disse tre ordene og det gjør alltid godt å høre dem, gjerne mange ganger hver dag.

For meg er det å ta på kjærligheten viktig. Holde en hånd, ta på, føle kontakt.

Kanskje det beste med kjærligheten mellom mennesker er uttrykket om at: "Den faller like lett på en lort som på en lilje".

Kjærlighet er livets beste føde.

MINE TANKEVEKKERE OM KJÆRLIGHET

KJÆRLIGHET ER VIKTIG

Det er lov å si at jeg elsker deg. Det er heller ikke forbudt å si det mange ganger hver dag. Kan det være nødvendig da tenker kanskje noen. Vi er jo gift, så det skulle si seg selv. Det er bare det at det sier ikke seg selv. Vi trenger alle den oppmuntringen som ligger i disse tre ordene og det gjør alltid godt å høre dem, gjerne mange ganger hver dag.

Fra en bryllupstale i 2005

OPTIMISME

Et av de viktigste ordene ved siden av kjærlighet er Optimisme.

Mai 2019

KJÆRLIGHET II

Kjærlighet basert på falske følelser har intet å gjøre med virkelig Kjærlighet.

April 2014

KJÆRLIGHET OG KOMPROMISS

Selv med uttrykk som: betingelsesløs Kjærlighet,
- er det til tider behov for Kompromiss.

2016

SANNHET

Mars 2014

Når du hører uttrykket: "sannheter er", skal du være på vakt.

Alle som benytter denne frasen, mangler etter min mening forståelse for realiteter.

Hvis ikke den som har benyttet uttrykket: "sannheten er ...", umiddelbart etterpå tilføyer: "etter min mening", mangler uttrykket enhver form for tillit. Hva som er sant og hva som ikke er det, forblir dessverre for mange et svært tøyelig begrep.

Uttrykket "sannheten er...", er like håpløst som det jeg tidligere har beskrevet i en refleksjon som fikk navnet: "skal jeg være ærlig".

Det er lett å blande bruken av ordene: "sannhet og ærlighet. "De hører på mange måter sammen, men gjør det selvfølgelig ikke.

Jeg har aldri hørt noen si: "Dette er min ærlige sannhet". Hvis det var tilfelle, må vel meningen ha vært å understreke sannheten?

Tenke seg til. Først slår man fast at i denne sammenheng er man "ærlig", underforstått at det er man ikke alltid. Deretter begår man en utvilsom feil ved å slå fast: "sannheten", uten forbehold. Sannheten for hvem? Nettopp her kreves en tilføyelse som for eksempel: "etter min mening".

Vel, etter min mening er det allikevel stor forskjell på ordet: "sannhet" og "ærlighet".

Sannheten, selv om den av mange i daglig praksis omhandles svært slurvete, er selvfølgelig ikke tøyelig, den er sort eller hvit. Enten er det sant eller så er det ikke sant, altså usant.

Klar det, men hvem sitter inne med den riktige sannhet, og hva så med den beviselig riktige sannhet?

Her står vi overfor: "den riktige sannheten" og den "uriktige sannheten."

Det nærmeste eksempel jeg kan komme på - til å sette denne: "uriktige eller riktige sannhet" i et lys hvor det blir mer forståelig for deg, er ved å ta en titt på det media som antagelig i dag dominerer og påvirker oss mest i det daglige, nemlig TV.

Selvfølgelig har vi også dagspressen, som i trykket forstand antagelig ikke øker i særlig grad, samt en rekke andre sosiale medier som stadig blir mer benyttet i forbindelse med utbredelsen av den moderne teknologi.

Alt dette blir det imidlertid alt for omfattende å gi seg i kast med i en liten refleksjon som denne.

Jeg holder meg til TVen og forestiller meg at vi i den store verden må ha tusenvis av TV kanaler tilgjengelig.

Jeg hopper bukk over de land som kun arbeider med statsstyrt TV. Der er det vel selvsagt at den: "riktige sannheten" aldri kommer folket til gode?

Med tusener av TV kanaler sier det seg selv at det er like mange påvirkningsmuligheter som det er kanaler.

Bare i EU er mer enn 6000 TV kanaler tilgjengelig.

Nå er det slett ikke slik at alle disse formidler nyheter, eller på noen måte driver bevisst påvirkning av oss mennesker, men innen alle genere fokuseres det i en eller annen form på hva som er: "sannheten". Alle vil gjerne være sannhets-bringende, og noen mener også bestemt at de er de eneste som presenterer den: "riktige sannhet".

Jeg nøyer meg med ett eksempel, som jeg til gjengjeld synes er ganske graverende.

Ingen grunn til å legge skjul på hvilken kanal det dreier seg om – CNN. I aller høyeste grad en nyhets-kanal og til og med en som hevder at den er den største i verden. Vel her får man vite av en av journalistene, i ett av mange reklameinnslag for å fremheve kanalens egen fortreffelighet, at hun har en ny vri på sine reportasjer, nemlig at hun vil fortelle: "the truth", sannheten.

Godt, så vet vi det.

Det vesentligste når man behandler sannheten, er etter min mening at man ser den i sammenheng med objektivitet.

Den eller de som hevder at den TV kanal de representere står for: "den riktige sannheten", må i alle sammenhenger understreke at de presenterer sine informasjoner etter å ha foretatt en nøye objektiv vurdering. Det vil enkelt si at de har vurdert informasjonens sannhet sett fra utsiden, altså satt seg utenfor og gjennomgått alle sider av saken.

En ting er teorien med den objektive holdning til: sannheten, men har man tid til det, og er det egentlig så viktig?

Nyhetene skal frem og det gjelder å være først ute.

Riktigheten, altså: sannheten, joda, selvfølgelig er det viktig at det som presenteres er sant, men samtidig er det jo svært viktig at seertallet opprettholdes og økes, og det skjer kun hvis publikum føler at det leveres.

Det må heller ikke glemmes at det er et utall forskjellige typer TV kanaler. Mange av dem leverer stoff hvor betydningen av sannhet kanskje ikke ses på som så viktig.

Kanskje er det slik at alle kanaler på TV har sin egen norm når det gjelder sannhet. Dette bestemt ut fra eiernes egne forutsetninger, politiske holdning og økonomiske interesser?

Hvor blir det så av sannheten mitt opp i alt dette?

Såkalte: "autentiske" reportasjer må vel også nevnes i denne sammenheng.

Store norske leksikon skriver at: autentisk defineres som noe som er ekte, opprinnelig, originalt eller som har en egenart.

Kanskje det er litt enklere for TV selskapene å identifisere seg med denne form for sannhet. Det autentiske er kanskje mer konkret enn den generelle sannhet?

Uttrykket "sannheten ligger et sted midt imellom", har sikkert noe for seg, men er det noen som tror at hvis man tar nyhetene på RT (Russisk TV) og de på CNN og deler dem på to, så får man sannheten? Kanskje et litt ekstremt eksempel da jeg mener å ha forstått at RT er statsstyrt?

Kan det være noe i at "sannhetens opprinnelse, kilden, kan være sannhetens verste fiende"

Intet kan bli ideelt i verden, så kanskje vi bare må godta de sannheter vi presenteres for i det daglige og ellers bruke vår sunne fornuft.

MINE TANKEVEKKERE OM SANNHET

SANNHET I

Enhver danner Sannheten ut fra sine egne forutsetninger.

Nov. 2018

SANNHET OG LØGN I

Den som besitter Sannheten er rik
- mens Løgneren for all tid vil forbli fattig.

SANNHET OG LØGN II

Hvis påstanden om at alle har rett ut fra sine forutsetninger er riktig, og hvem kan motsi det, blir det et uendelig spekter mellom ytterlighetene Sannhet og Løgn. Det samme gjelder opplysninger fra såkalte sikre kilder.

2018

"SANNHETEN ER…"

Sannheter fortoner seg riktig for den som benytter uttrykket: "Sannheten er…", men vil alltid gjenspeile vedkommendes forutsetninger.

Desember 2018

KOMPROMISS

Mars 2013

Alle, vil jeg tro, har en ganske klar oppfatning av hva ordet kompromiss betyr. Det å gå på kompromiss er i det daglige helt vanlig for de fleste av oss. Vi tenker ikke normalt på det og føler heller ikke vanligvis at det ligger noe offer i det å gå på kompromiss.

Jeg gir litt her, den andre part gir litt der og så møtes man som et kompromiss etter å ha gitt sånn nogen lunde likt, uten at noen av partene har fått det helt som de vil.

Jeg vil tro at den enkleste form for kompromiss er den som ikke gir andre konsekvenser enn personlige offer. Med det mener jeg at ingen andre enn de involverte parter personlig må lide for de ytelser kompromisset krevde. Det i seg selv kan være alvorlig nok, men i hvert fall har man full kontroll over konsekvensene og kan selv bedømme om andre eventuelt vil bli skadelidende.

Mer komplisert blir det når den som inngår kompromiss handler på vegne av andre. Her kan konsekvensene få svært alvorlige følger, så den som har gitt fullmakten til at kompromisset kan inngås, bør på forhånd ha gjort sine grundige undersøkelser om hvilke konsekvenser dette kan få for ham.

Det kan være enda mer utfordrende med de kompromiss som blir inngått hvor konsekvensene kan bli av helt andre dimensjoner. Eksempelvis når land seg imellom lager handelsavtaler eller lignende. I disse tilfeller er det gjerne delegasjoner fra partene som forhandler seg frem til kompromiss. Konsekvensene blir antagelig normalt ikke så personlige, men kan få andre uforutsette konsekvenser.

Ovenstående konsekvenser av kompromisser er heldigvis ikke noe man tenker over i det daglige og forhåpentligvis er det vel slik at de fleste av oss inngår kompromisser uten tanke for konsekvenser, og godt er det.

Nettopp de små daglige kompromissene du bør venne deg til å inngå for å holde balanse i tilværelsen, har en uvurderlig betydning for din egen selvtilfredshet.

Har du reist litt rundt, har du i mange sammenheng støtt på steder hvor all handel er basert på pruting. Selger starter med skyhøye priser, hvor det er meningen at denne skal bringes ned til et nivå som begge parter synes fornøyd med. Dette er også en form for kompromiss, men etter min mening en skakkjørt sådan. Her er det ikke lik fordeling av det å gi. Selger har lagt sin ytelse, prisavslaget, inn som en kalkulert faktor. Han vet hvor grensen går, med andre ord når den laveste pris kan aksepteres, stadig med en fornuftig fortjeneste. Kjøper på sin side prøver seg frem og handler hvis han eller hun mener at prisen er akseptabel.

Er det meg som går feil her? Jeg er langt fra begeistret for denne fremgangsmåten, uansett hvilke kulturer som praktiserer den.

Skal jeg gå på kompromiss så er den kanskje ikke så gal allikevel?

Er det bare fordi jeg generelt ikke er spesielt begeistret for denne fremgangsmåten at jeg ikke liker den?

Mange synes sikkert at dette er den helt riktige form for handel; her kan man argumentere og forhandle og selv påvirke utfallet av handelen.

Dette er i hvert fall det man tror, men vi litt klokere vet jo at den, altså prisen, er avgjort på forhånd, det er selgeren som bestemmer. De som har min innstilling betaler som regel alt for mye, selvfølgelig til stor glede for selger.

Med andre ord, du bør holde deg borte fra denne form for handel hvis du ikke føler deg dus med evnen til å prute.

Noen elsker det, er helt på topp når de kan boltre seg i denne verden og god er det for dem.

Nå, tilbake til kompromisset, det som er resultatet av forhandlinger der ingen av partene får det 100 % som de vil, men allikevel er fornøyde.

Jeg nevnte at det vanligvis ikke ligger noe offer i denne formen for kompromiss, og står på det, men la oss ta for oss den form for kompromiss hvor fordelingen av ytelser ikke på noen måte er lik, der hvor den ene part føler at vedkommende gir langt mer enn den andre, men at vedkommende allikevel går med på det.

Dette kan over tid bli slitsomt. At det skjer en gang i mellom er ikke til å unngå, og det slår begge veier, men når vektskålen stadig går den ene veien kan det bli vanskelig.

Mitt opprinnelige navn før jeg på min 18 årsdag av min stefar Max ble tildelt etternavnet Manus, var George Hans Bernardes. George etter min engelske far og Hans fordi min norske mor insisterte på det skulle være noe norsk i navnet. Hans er ikke bare et kongsnavn som George i England, men også et familienavn fra Ulvik i Hardanger.

Her var det antagelig snakk om en form for kompromiss, jeg fikk navnet Manus men ble aldri adoptert.

MINE TANKEVEKKERE OM KOMPROMISS

KOMPROMISS I

Kompromiss er antagelig et av de viktigste ord vi har,
hvis vi ser bort fra kjærlighet.
2017

KOMPROMISS II

Hvis partene ikke er helt ute av balanse,
- bør det være mulig å oppnå Kompromiss.
2013

KOMPROMISS III

Å gå på Kompromiss er noe vi alle må lære oss,
men for all del, ikke la det bli en permanent tilstand.
April 2019

KOMPROMISS OG ÆRLIGHET

Det er ingen vits i å gå på Kompromiss med Ærligheten,
da det kun er spørsmål om tid før avsløringen kommer
og da med uventede og som regel ubehagelige konsekvenser.

April 2014

TOLERANSE

2016

Først veldig enkelt om ordet toleranse. Det betyr blant annet å tåle, det å holde ut. Ikke i betydningen fysisk styrke. "Toleranse er evnen og viljen til å tåle, altså leve med de som har andre meninger og holdninger, og som handler deretter; kort sagt de som du selv vanligvis ikke aksepterer".

Dette kan som sådan være til ettertanke for oss alle.

Jeg tror nok de fleste av oss legger noe mer direkte i det å være tolerant, noe mer rett på sak. Enten tolererer du ett eller annet, eller så gjør du det ikke.

Sett fra den vinkelen blir det vel her snakk om noe sort/hvitt, et enten eller?

Slik er det nok imidlertid ikke.

Ovenstående beskrivelse av toleransen sier vel klart at det er snakk om en balansegang. Du tolererer nok i praksis i større eller mindre grad, og godt er det etter min mening.

Med andre ord, jeg slår fast at toleransen ikke er sort/hvitt.

Toleranse er en balansegang, og kompromiss er vekten på skålen som får det hele til å balansere.

Når dette er sagt må kompromiss nødvendigvis inn i bildet.

Det er umulig å utføre en balansegang uten å tilføre litt av ingrediensene gi eller ta, altså kompromiss.

Godt er det, og etter min mening er det bare da du får en balansegang, altså når du tilføyer en klype kompromiss.

Tenk så godt man har det når man mener om seg selv at man er tolerant.

En slik holdning blir nok dessverre svært subjektiv, da andre utvilsomt vil kunne ha et divergerende syn på den saken.

Står du litt lenger fra, litt mer på utsiden, og mener å ha et mer objektivt syn på vedkommende, har du nok ofte lettere for å komme med en uttalelse om vedkommendes evne til å opptre med toleranse.

Toleranse er en faktor i alle menneskers liv og hvordan du forholder deg til den egenskapen er av vesentlig betydning for hvem du egentlig er.

I og med at jeg har tatt kompromiss med som en av de 21 refleksjonene i denne boken og setter den som en betingelse for at toleranse kan utøves i praksis, dveler jeg først litt ved dette ordet.

En beskrivelse går som følger: "Et kompromiss er resultat av forhandlinger der ingen av partene får det 100% som de vil, men alle får noe".

Kompromiss, kanskje et av de viktigste ord vi har hvis vi ser bort fra kjærlighet.

Selv med uttrykk som betingelsesløs kjærlighet, er det vel til tider behov for litt kompromiss?

Strekker du ut en hånd til din fiende betyr det etter min mening slett ikke det samme som å vende det andre kinnet til.

I prinsippet er jeg helt for den siste med kinnet, men lang livserfaring tilsier at den måten å møte utfordringer på i det lange løp sjelden fører frem. Dertil er mennesket i for stor grad sin egen verste fiende.

Derimot, det med å strekke ut en hånd som en start, spesielt når det gjøres med godvilje, tvinger ikke frem et enten eller, altså, enten slår man når det andre kinnet er vendt til, eller så gjør man det ikke.

Bibelen snakker vel heller ikke om å klappe kjærlig på kinnet, eller gjør den det?

Kanskje jeg er kommet frem til dette etter i riktig mange år av mitt liv å ha hatt hund eller hunder.

Helt fra i seks syv års alderen var fuglehunden Pet min beste venn.

Har du hatt med hunder å gjøre, så vet du at den beste måten å nærme seg en fremmed hund på, er å forsiktig strekke frem hånden. Du merker fort om denne invitasjonen til nærmere kontakt fører frem eller ikke.

Heldigvis har jeg fremdeles begge hender og et fullt sett fingre og har bare gode erfaringer med fremgangsmåten.

Jeg dveler ikke lenger ved denne sammenligningen, du har sikkert dine egne erfaringer, men det jeg prøver å få frem er at få situasjoner er sorte eller hvite. Vi mennesker har imidlertid en lei evne til å lage dem sorte eller hvite. Alt blir så mye enklere da, men også mer uriktig.

En balansert toleranse ved hjelp av kompromiss er nødvendig. Gi og ta litt. Ingen av partene føler seg stilt med ryggen mot veggen.

Det er ikke alltid den beste løsning er å forenkle alt, forstått som det å se sort eller hvitt på situasjonen.

I kjølvannet av slike forenklinger oppstår det ofte unødig misnøye og da blir det i hvert fall slik at toleranse med bruk av kompromiss blir satt på store prøver.

Toleranse kan du sette som ingrediens i et uendelig antall sammenheng, men uten å tenke nærmere gjennom det, er det etter min mening den totalt manglende toleranse for religions-forskjeller som gjennom alle tider har skapt de største problemer på vår jord.

Kanskje ikke så merkelig, da det jo er i den forbindelse vi finner de fleste fanatikere og de er jo eksempler på sort/hvitt betraktninger.

MINE TANKEVEKKERE OM TOLERANSE

TOLERANSE I

Toleranse står for tålmodighet og fordragelighet overfor andres oppfatninger. Der hvor det er høyde under taket blir det straks større volum og mer spillerom.

Fra en bryllupstale i 2005

TOLERANSE II

Det heter at motsetninger tiltrekker hverandre.
Mye riktig i det, men ikke uten Toleranse.

2014

TOLERANSE IV

Det koster, men du mister ikke så mye av deg selv ved å være Tolerant.

2018

TOLERANSE OG KOMPROMISS II

En balansert Toleranse ved hjelp av Kompromiss er nødvendig. Gi og ta litt, så vil ingen av partene føle seg stilt med ryggen mot veggen.

2016

MIX
Papir fra ansvarlige kilder
Paper from responsible sources
FSC® C105338